© 2002 beim Kiga-Fachverlag, Elversberger Straße 40 a, 66386 St. Ingbert
Telefon (06894) 3101-581, Telefax (06894) 3101-403

ISBN 3-9806070-3-8

Autor und Gesamtkonzeption:	Bodo Marschall, St. Ingbert
Didaktische Begleitung:	Ingrid Brandt, Kiga-Fachverlag, St. Ingbert
Lektorat:	Renate Bernstein, Ingrid Brandt, Kiga-Fachverlag, St. Ingbert
Herausgeber:	Kiga-Fachverlag, St. Ingbert
Illustrationen:	Willy Walinsky, Saarbrücken
Fotos:	Conrad Funk, Wolfgang Klauke,
	Theresienheim Saarbrücken, Bernhard Lehnert, Ingrid Brandt
Lay-out und Satz:	Ulla Hepp, Stefanie Engel, Kiga-Fachverlag, St. Ingbert
Poster:	Willy Walinsky, Saarbrücken
	Stefan Hallerbach, Kiga-Fachverlag, St. Ingbert
Handpuppe:	Kiga-Fachverlag, St. Ingbert
Lithos und Druck:	Kern Druck, Bexbach

Anmerkung des Autors:
Auf eine geschlechtsspezifische Differenzierung wird in diesem Buch zu Gunsten einer besseren Lesbarkeit verzichtet. Alle Berufsbezeichnungen und Anreden gelten jedoch für beide Geschlechter in gleicher Weise, auch wenn keine schriftliche Fixierung erfolgt.

Inhalt

Inhalt

Vorwort

„Was mache ich bloß mit den Kindern an einem Waldtag?" „Wie gestalte ich eine Waldprojektwoche?" Solche und ähnliche Fragen werden mir häufig gestellt. Als Förster kann ich diese Entwicklung nach dem Motto „Raus in den Wald!", die sich in Schulen und Kindergärten abzeichnet, nur begrüßen und von ganzem Herzen unterstützen.
Wo sonst können Kinder die Natur in all ihren Varianten so hautnah und spielerisch erleben!
Wie sonst können Verantwortung und Respekt für die Natur und ihre Bewohner so nachhaltig und einfach an die junge Generation weitergegeben werden!
Gleichzeitig kann ich aber auch ein gewisses Unbehagen bei Erziehern/Lehrern verstehen, die sich oft die Frage stellen: „Weiß ich eigentlich alles Notwendige über den Wald? Reicht mein Sachwissen aus?"

Seit über 20 Jahren gehe ich mit Kindergärten und Schulen „raus" und versuche diese Bedenken abzubauen. Mein Ziel ist es, bei Pädagogen die „Lust auf Wald und Abenteuer" zu wecken und gleichzeitig „Wissenszweifel" auszuräumen.

Aus dieser Überlegung heraus – und natürlich auch aus purer Freude am Erzählen und Fantasieren – entstand mein erstes Buch: **„Förster Bodos Märchenwelt"**. Hier verpackte ich Waldwissen in spannende Abenteuergeschichten. Am Ende jeder Erzählung fand der Leser einen zu den Inhalten und Hauptfiguren der Geschichte passenden Sachanhang. Kurzum, es entstand ein Werk für **Herz *und* Kopf – etwas zum Fühlen und Verstehen!**

Wohl weil das Buch in Fachkreisen und bei vielen Eltern eine große Anerkennung erfuhr, wurde ich gebeten, für die EXPO 2000 ein „innovatives" Waldpädagogikprojekt zu entwickeln.

So entstand in den vielen nächtlichen „Wachlieg- und Denkstunden" auch das Konzept für diese Waldaktionsbox:

Vorwort

1. Die Geschichte vom „Meckerlieschen und dem Igelblatt" aus „Förster Bodos Märchen-welt" habe ich so umgeschrieben, dass daraus ein **Waldtheater** in fünf Szenen entstanden ist.

2. Entsprechend dem Erzählverlauf dieses Waldtheaters beinhalten die einzelnen Szenen wich-tige biologische **Lerninhalte**. Diese sind didaktisch und methodisch sowohl für den Vor- als auch für den Grundschulbereich aufbereitet.

3. Nach dem Motto „Beim Spielen spürt man keinen Lernstress" habe ich auf die Lerninhal-te abgestimmte **Waldaktionen** entwickelt bzw. gesammelt.

4. Mittels einer genauen *Figurenbeschreibung* kann jeder Erzieher, jeder Pädagoge und jeder Förster, wenn er nur will, in die einzelnen Rollen schlüpfen und das Theaterstück *selbst in-szenieren.* Durch die so geschaffene Liveatmosphäre wird für die Kinder eine direkte Mög-lichkeit gegeben, sich in den Lebensraum Wald einzufühlen. Sie entwickeln eine sehr per-sönliche Bindung zu Wald und Natur als den wichtigen Teilen unserer Existenzgrundlage.

Mit dieser Waldbox, die Sie nun in Ihren Händen halten, habe ich das oben erwähnte Motto: „Für Herz und Kopf – etwas zum Fühlen und Verstehen" um den Bereich „Hand" erweitert: Es entstand ein Werk für **Herz,** *Hand,* **und Kopf, d. h. etwas zum Fühlen, „***Be-greifen***" und Verstehen!** Ein Praxispaket mit komplettem Leitfaden für eine Waldführung, die Sie sich in-dividuell zusammenstellen können.
Probieren Sie es aus, es funktioniert!

Bodo Neustedadt

Gebrauchsanleitung für Ihre Waldbox

Im Überblick

„Förster Bodos Wald-Aktionsbox" besteht aus
• dem Handbuch,
• der Handpuppe und
• 20 Postern.

Das **Handbuch** ist unterteilt in 5 Szenen. Zur direkten Orientierung sind diese farblich voneinander abgesetzt. Alle Szenen haben den gleichen Aufbau: Sie beinhalten eine Anleitung für ein kurzes *Waldtheaterstück*, Tipps für *Spiele* und „Bastelstunden" direkt im Wald und einen theoretischen Teil mit zum Inhalt der Szene passendem und genau aufbereitetem *biologischen Fachwissen*.

Die Handpuppe „Karl der Kobold" erweckt Ihr Puppentheater zum Leben, ist das Bindeglied zwischen Fantasie und Realität. Karl der Kobold hat eine eigene, lustige Persönlichkeit, durch die der Puppenspieler in den Augen der Kinder weit weggeführt wird von der oft übermächtigen „Vorgesetztenrolle" eines Erwachsenen. Karl der Kobold lässt die Kinder den Wald von einer anderen, einer märchenhaften, geheimnisvollen Seite erleben.

Die Poster im DIN-A3-Format sind wasserabweisend und schmutzdicht kaschiert und überstehen auch „herzhafte Einsätze" querfeldein. Manche Poster sind als *Märchenposter* konzipiert und stellen die Hauptakteure des Theaters dar. Die restlichen sind *Lernposter*: Sie verdeutlichen in stark schematisierter Form die oft sehr komplexen biologischen Zusammenhänge und machen sie der kindlichen Vorstellungswelt zugänglich.

An wen richtet sich dieses Buch?

Zielgruppe sind Erzieher, Pädagogen, Lehrer, Förster, also alle, die mit Vor- und Grundschülern in den Wald gehen …
… selbstverständlich auch waldbegeisterte Eltern!

Wie organisiere ich mit der Waldbox meinen Waldtag/ mein Waldprojekt?

Je nach Zeitrahmen können Sie Ihr Projekt als *Halbtags- oder als Wochenaktion* aufbauen. Zum Beispiel kann der Förster die Aktion so komprimieren, dass daraus ein Zweistundenprojekt entsteht. Schulen oder Kindergärten können mit Hilfe dieser Box ein Wochenprojekt gestalten: jeden Tag eine neue Szene!

Durch die freie Auswahl der Spiele und Lerninhalte, die hier aufgeführt sind, kann der Spielleiter ähnlich wie ein Regisseur sein eigenes individuelles „Drehbuch" kreieren. Er kann den Ablauf und die Dauer der Waldaktion auf das Alter, die Fähigkeiten und Vorkenntnisse seiner Gruppe abstimmen.

Der Kreativität sind also keine Grenzen gesetzt. Ein allzu sklavisches „Kleben" an der Handbuchvorlage wäre für das Spielerische, für die Leichtigkeit dieses Projektes eher hinderlich.

Tipps für Ihr Waldtheater:

Wovon handelt das Waldtheater?

Jede einzelne der fünf Szenen wird durch das Waldtheater eröffnet. Das Waldtheater erzählt den Kindern die Geschichte „Vom Meckerlieschen und dem Igelblatt": Meckerlieschen ist eine schlecht gelaunte Buchenknospe. Im Laufe der Handlung entfaltet sie sich zu einem wunderschönen Buchenblatt und erlebt allerlei Abenteuer. Ob es sich nun um eine hungrige Raupe handelt, die sich über das zarte Blatt hermachen will oder um einen eisigen Regenschauer, der das Meckerlieschen überrascht! Am Ende lernt Meckerlieschen ein ganz seltsames „Blatt" kennen: voller Stacheln und noch dazu äußerst vornehm. Ob es mit diesem Igelblatt wohl Freundschaft schließen kann?

Wie führe ich das Waldtheater erfolgreich vor?

Das Waldtheater übernimmt im Buch die Rolle des „roten Fadens", um den sich die Lerninhalte und Aktivitäten spannen. Der Spielleiter ist einmal der Sprecher, der die Aufgabe des Märchenerzählers übernimmt, gleichzeitig schlüpft er aber auch in die Rollen der vier Hauptfiguren.

Grundsätzlich gilt:

Sie können die Textpassagen bzw. Dialoge vorlesen, Sie können sie aber auch „frei nach Schnauze" vorspielen. Je lebhafter erzählt wird, desto gespannter wird gelauscht! Durch eine ausführliche Charakterbeschreibung der einzelnen Figuren ist der Rollentausch bestimmt kinderleicht. Benötigen Sie noch weitere Tipps für das Theaterspielen, finden Sie im Anhang unter dem Kapitel **„Ein kleiner Leitfaden zur Schauspielerei"** einige vertiefende Bemerkungen zu den Charakteren und ihrer spielerischen Umsetzung.

Tricks für spannende Waldaktionen:

Die Spiele und Gestaltungsvorschläge in jeder Szene beziehen sich direkt auf die jeweiligen Erzähl- und Lerninhalte. Sie wurden so konzipiert, dass ein *Mix aus sensitivem Erleben und Aktions-Spielen* möglich ist. Einige Aktivitäten wurden eigens für dieses Stück entwickelt, andere sind bereits bekannt. Im Literaturverzeichnis sind Buchtipps aufgelistet, in denen Sie viele weitere passende Spiele und Anregungen entdecken können. Hineinschauen lohnt sich!

Lerninhalte – Schwieriges spannend vermitteln:

Die sowohl durch das Theaterstück als auch durch die Spiele hervorgehobenen biologischen Zusammenhänge habe ich in dem Kapitel „Lerninhalte" zusammengefasst. Sie sollen dem Spielleiter/Projektleiter die notwendige Sicherheit im Bereich „naturkundliches Grundlagenwissen rund um den Wald" verleihen. Darüber hinaus können sie auch als Moderationsvorschlag für einzelne Spiele genutzt werden.

Grundsätzliches Ziel ist es, Zusammenhänge im und um den Wald darzustellen, altersgerechte Vergleiche aufzustellen, Verständnis für die Natur und ihre Vorgänge zu erwecken, im Kleinen wie im Großen.

Dieses Buch erhebt daher weder den Anspruch eines allumfassenden Nachschlagewerkes noch den eines biologischen Lehrbuches. Sollten Sachverhalte hier nicht oder nur unzureichend dargestellt sein, genügt ein Anruf bei dem zuständigen Förster. Er wird sich über so viel Waldinteresse freuen und liebend gern Rede und Antwort stehen. Wetten?

Ihre persönliche Vorbereitung

Bevor Sie mit Ihrem Waldprojekt oder Ihrer Waldaktion beginnen, sollten Sie sich eine Checkliste mit den wichtigsten zu erledigenden Punkten aufstellen!

Checkliste

- Den Ablauf des Waldtages oder -projektes grob festlegen
- Ihr Vorhaben mit dem zuständigen Förster absprechen
- Ein für die Waldaktionen geeignetes „Spiel-Plätzchen" inklusive Hin- und Rückweg im Wald aussuchen
- Den Rucksack packen
- Vor Beginn der ersten Szene, von den Kindern unbemerkt, das Buchenbäumchen unter dem roten Tuch verstecken

Die Geschichte „Vom Meckerlieschen und dem Igelblatt" sollte man sich vorab in Ruhe durchlesen, um sich sein ganz persönliches Drehbuch zurechtzulegen. Danach mit dem zuständigen Förster das Vorhaben absprechen. Er hat bestimmt noch einige interessante Ergänzungen. Ist diese Vorarbeit geleistet, geht man als „Kundschafter" in den Wald, um ein geeignetes „Spiel-Plätzchen" festzulegen.

Wie sieht das optimale „Spiel-Plätzchen" im Wald aus?

- Ideal ist ein Platz unter einer **alten Buche**, rundherum stehen kunterbunt gemischt jüngere Bäume. Der Boden ist voller Laub. (So, wie sich die Kinder einen richtigen Laubwald auch vorstellen.)

- Viele **Bucheckern** mit ihren Hülsen sollten auf dem Boden liegen. (Wenn nicht, dann irgendwo einsammeln und hinlegen – ähnlich macht's der Eichelhäher, die Maus oder das Eichhörnchen!)

- Das Zentrum des Platzes bildet ein kleiner **Buchensämling**. Dieser Sämling bleibt während der ganzen Vorführung unter einem roten Tuch versteckt. Erst am Ende der letzten Szene wird das Geheimnis gelüftet. Ist kein geeignetes Pflänzchen vorhanden, kann man aus der Umgebung ein kleines Bäumchen ausgraben und an der geeigneten Stelle einpflanzen (**Wichtig**: unbedingt den Förster um Erlaubnis bitten! Er wird in diesem Falle aber gewiss nichts dagegen haben. Vielleicht hilft er sogar.)

- In der Nähe und in Reichhöhe sollte ein etwas **stabilerer Ast** aus einem Baum wachsen. Daran wird in Szene 4 der Baumaufzug vorgeführt!

- Überprüfen Sie, ob hier alle örtlichen Voraussetzungen gegeben sind, um die ausgesuchten Waldaktionen spielen zu können oder ob Sie für die Spiele, die Sie aussuchen, **zusätzlich eine andere Stelle im Wald** benötigen.

Abenteuer „Märchenwald"

Um den Kindern das Gefühl von Wildnis und Abenteuer zu vermitteln, sollte der Hin- und Rückweg möglichst querfeldein führen. So haben alle die Möglichkeit, behutsam in die „waldliche" Fantasiewelt und danach wieder zurück in die nüchterne Realität zu schlüpfen.

Profi-Ausrüstung

Legen Sie fest, welche Accessoires Sie für Ihr Drehbuch brauchen. Bei dieser Auflistung gehe ich von meiner Erfahrung als Förster aus, der alle Szenen an einem Vormittag spielt, d.h. ich nehme alle notwendigen Utensilien mit. Verteilt man die Aktion auf mehrere Tage, genügt es, sich ein tagesbezogenes Bündel zu schnüren. An die allgemeine Waldausrüstung wie Verbandspäckchen, aufgeladenes Handy, Toilettenpapier usw. sollten Sie natürlich ebenfalls denken.

Übrigens!

Außer dem Buchenwald und den Kindern passt alles in einen Rucksack

Nicht vergessen!

Bevor die Kinder an Ort und Stelle ankommen, muss das Buchenbäumchen durch das rote Tuch verdeckt sein. Niemand darf sehen, was sich darunter verbirgt. Alle werden neugierig sein und sich fragen, was wohl mitten im Wald unter diesem roten Tuch steckt.

Jetzt kann's losgehen!

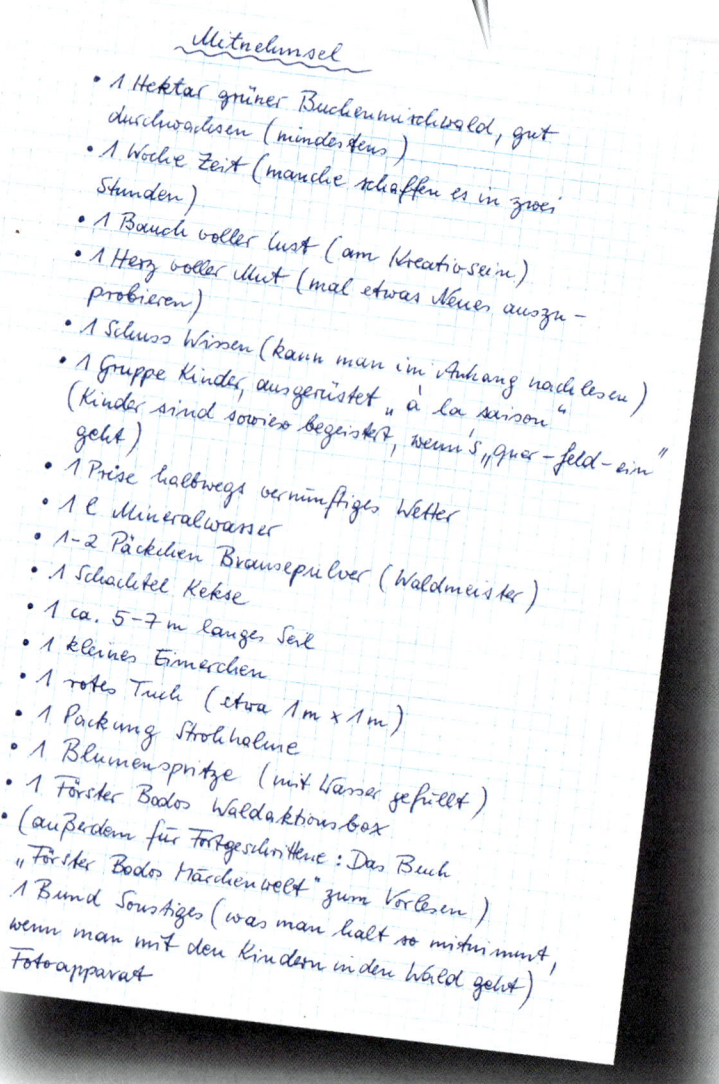

Mitnehmsel
- 1 Hektar grüner Buchenmischwald, gut durchwachsen (mindestens)
- 1 Woche Zeit (manche schaffen es in zwei Stunden)
- 1 Bauch voller Lust (am Kreativsein)
- 1 Herz voller Mut (mal etwas Neues auszuprobieren)
- 1 Schuss Wissen (kann man im Anhang nachlesen)
- 1 Gruppe Kinder, ausgerüstet „à la saison" (Kinder sind sowieso begeistert, wenn's „quer-feld-ein" geht)
- 1 Prise halbwegs vernünftiges Wetter
- 1 ℓ Mineralwasser
- 1-2 Päckchen Brausepulver (Waldmeister)
- 1 Schachtel Kekse
- 1 ca. 5-7 m langes Seil
- 1 kleines Eimerchen
- 1 rotes Tuch (etwa 1m x 1m)
- 1 Packung Strohhalme
- 1 Blumenspritze (mit Wasser gefüllt)
- 1 Förster Bodos Waldaktionsbox
- (außerdem für Fortgeschrittene: Das Buch „Förster Bodos Märchenwelt" zum Vorlesen)
- 1 Bund Sonstiges (was man halt so mitnimmt, wenn man mit den Kindern in den Wald geht)
- Fotoapparat

Karl
der Kobold

Waldtheater

Inhalt: • Karl der Kobold stellt sich vor und verrät den Kindern, wo er wohnt

Figuren: • Sprecher
• Karl der Kobold

Wald-Aktionen

• Ein Koboldnest bauen
• Spurensuche „Wo wohnen die Waldtiere?"
• Heiteres Tiereraten
• Erzählstunde im Koboldnest: „Das Wettrennen"

Lerninhalte

• Lebensräume und Wohnungen der Waldtiere (er-)kennen lernen

Benötigte Materialien

Waldtheater: • Poster 1 „Karl der Kobold auf dem Ast"

Wald-Aktionen und Lerninhalte: • Poster 2 und 3 „Tiere im Wald"

Außerdem: • rotes Tuch

Hier geht es zunächst nur darum, den Kindern ihren zukünftigen Waldführer, Karl den Kobold, vorzustellen.

Versammeln Sie die Kinder auf der Lichtung um das rote Tuch, unter dem Sie das Buchenbäumchen versteckt haben, aber verraten Sie auf keinen Fall, was sich darunter verbirgt.
Zeigen Sie den Kindern nun das Poster von Karl dem Kobold.

Karl der Kobold ist meist freundlich, sehr lebhaft, lustig, neugierig und verschmitzt.

Sobald Sie die Handpuppe übergestülpt haben, kann's losgehen ...

Ihr Sprechtext:

Karl, der Kobold:

(noch ein bisschen schüchtern, aber neugierig)

Hallo, ich bin Karl der Kobold und ich lebe im Wald. Bestimmt habt ihr mich hier im Wald schon einmal gesehen ... Nein? ...

Ach, stimmt! Ihr Menschen habt ja keine Augen mehr für Kobolde, Trolle und Elfen. Eigentlich schade.

Gut, ich gebe zu, dass es nicht einfach ist, mich zu entdecken. Ich bin nämlich ziemlich klein und passe daher in jede Ritze und Spalte.

So kann ich mich herrlich verstecken. Aber mit etwas gutem Willen könntet ihr mich hier im Wald schon treffen. Denn im Wald bin ich überall zu Hause: unterirdisch genauso wie in den Kronen der Bäume. Ihr müsst nur wollen!

Übrigens, vor einiger Zeit hab ich mir in den Ästen eines großen, dicken Buchenbaumes ein kleines Häuschen eingerichtet ...

Ein Koboldnest bauen

Nachdem sich Karl der Kobold vorgestellt hat, können Sie die Kinder dazu einladen, aus den umherliegenden größeren und kleineren Ästen und Zweigen ein großes Koboldnest zu bauen, ähnlich dem, das Karl der Kobold bewohnt. Das Koboldnest dient zukünftig gleichzeitig als Theaterloge, Bühne und gemütliches Erzählplätzchen.

Und so wird's gemacht:

1. Zuerst sucht sich jedes Kind einen Stock oder Ast. Er sollte nicht zu klein sein, lassen Sie sich einfach von den unterschiedlichen Fundstücken der Kinder überraschen.

2. Stellen Sie sich mit den Kindern in einem Kreis um das rote Tuch mit dem versteckten Buchenbäumchen. Alle legen ihren Ast oder Zweig so auf den Boden, dass sich die Enden der einzel-

nen Stöcke berühren. Der so entstandene Stockkreis entspricht perfekt der Größe des zu bauenden Koboldnestes und ist der Gruppengröße genau angepasst. Ganz ohne Metermaß. Denn ist das Nest zu groß, verlieren sich die Kinder darin. Es sollte eine heimelige, kuschelige Atmosphäre entstehen – ideal zum Geschichtenhören!

3. Jetzt können die Kinder gemeinsam Äste und Zweige sammeln und auf dem Stockkreis aufschichten. Je nachdem, wie „walderfahren" die Gruppe ist, müssen Sie motivieren, anleiten, mitmachen, zeigen, dass man vor schmutzigen Fingern keine Angst zu haben braucht.
Je größer die Äste, umso mehr merken die Kinder, wie stark sie sind, und dass sie etwas „richtig Schweres" schaffen können. Bei besonders großen Stücken entwickelt sich nach kürzester Zeit Teamgeist.

Tipps:

Wichtig ist, bei dem entstehenden Nest einen Eingang frei zu lassen. Wenn Ihr Nest nämlich sehr hoch werden sollte, brauchen Sie unbedingt einen Eingang bzw. Ausgang, damit Sie nicht immer über die Äste klettern müssen. Außerdem kann Ihnen dieser Eingangs-Ausgangsbereich auch gleich als „Bühne" für spätere Aktionen dienen. Auf dem Nestrand nehmen die Kinder Platz. Ist Ihr Waldtheaterstück als Mehrtagesprojekt angelegt, können die Kinder zu Beginn jedes Waldtages – im Sinne eines „Warming up" – immer wieder am Nest weiterbauen.

Ist Ihr Waldprojekt zu Ende, brauchen Sie die Zweige nicht wieder im Wald zu verteilen, sondern das Koboldnest muss erhalten bleiben: Es dient bestimmt als Treffpunkt für andere Kobolde, Elfen, Hexen oder Nachtgeister, die das menschliche Treiben aus sicherer Entfernung beobachtet haben. Zumindest wird sich manch ein Pilzsucher über den Sinn eines solchen Kunstwerkes seine Gedanken machen. Vorsichtshalber sollten Sie dies aber noch einmal mit Ihrem Förster absprechen (vgl. Gebrauchsanleitung für dieses Buch).

Lebensräume und Wohnungen der Tiere aufstöbern

Poster 2: Tiere im Wald

Wald-Aktionen

Karl der Kobold ist mit allen Tieren im Wald befreundet. Wann immer er Zeit hat, besucht er sie in ihren Wohnungen, um mit ihnen ein Schwätzchen zu halten. Die Kinder sollen sich klein machen, so klein wie Karl der Kobold und dann auf Wohnungssuche gehen. Bestimmt finden sie ein Mauseloch, ein Spinnennetz, eine Spechthöhle oder gar einen Rehschlafplatz.

Interessante Entdeckungen können Sie dann gemeinsam genauer untersuchen.

Da die Bewohner der Behausungen, die Sie mit den Kindern aufstöbern, in der Regel nicht auf Kommando erscheinen, können Sie den Kindern im Koboldnest die Abbildungen auf den Postern 2 und 3 „Tiere im Wald" zeigen.

Heiteres Tiereraten

In dem Kapitel „Lerninhalte – Wohnungen und Lebensräume der bekanntesten Waldtiere" sind steckbriefartig noch einige typische Merkmale, Fress- oder Lebensgewohnheiten aufgeführt. Diese Beschreibungen (und natürlich sonstige, hier nicht aufgeführte Sachverhalte, die das Raten bei Bedarf etwas erleichtern) können Sie so umformulieren, dass daraus ein Ratespiel entsteht.

Ein Beispiel: Der Hase

Text laut Lerninhalt

♂ Rammler
♀ Häsin
Junghase (2-3 Monate): Dreiläufer
Der Hase schläft in einer flachen Grube oder Bodenvertiefung (Sasse), die er sich mit seinen scharfen Krallen scharrt. Wenn er sich duckt, kann man seinen erdfarbenen Rücken kaum von der Umgebung unterscheiden. Er ist ein Einzelgänger und hat lange Ohren (die Löffel). 3- bis 4-mal im Jahr kommen jeweils zwei bis drei behaarte und sehende Junge zur Welt.

Text für ein Rätsel des „Heiteren Tiereratens":

• Ich habe vier Beine und schlafe gern in einer flachen Grube. Diese Grube scharre ich mit meinen scharfen Krallen.
• Wenn ich mich ducke, kannst du meinen braunen Rücken kaum von der Umgebung unterscheiden.
• Ich lebe meistens allein. Ich habe ganz lange Ohren.
• 3- bis 4-mal im Jahr bekomme ich jeweils zwei bis drei Junge, die behaart sind und sehen können.
• Viele verwechseln mich mit einem Tier, das mir zwar ähnlich sieht, aber ganz anders lebt als ich (=hier: Kaninchen).

Erzählstunde im Koboldnest

Passend zum Thema dieser Waldaktionen können Sie den Kindern die Geschichte „Das Wettrennen" aus „Förster Bodos Märchenwelt", S. 35, von Bodo Marschall vorspielen bzw. erzählen. (Literaturangaben s. Anhang).

In der Geschichte geht es um zwei Vertreter aus dem Bereich „Kleintiere im Boden".

Wohnungen und Lebensräume der bekanntesten Waldtiere

Grundsätzlich gilt: Nicht alle Tiere haben einen festen Wohnsitz und nicht für jede Wohnung gibt es eine feste Bezeichnung.

Das Rotwild

♂ der Hirsch (er hat ein Geweih)
♀ Hirschkuh (=Kahlwild)
Kind: Hirschkalb

Rotwild liebt sehr große, zusammenhängende Wälder, in denen es in Rudeln (=Herden) umherzieht. Hirsche fressen Gräser, Kräuter, junge Triebe und Rinde. Einen festen Fress- oder Schlafplatz hat die Herde jedoch nicht.
Ein ausgewachsener Hirsch kann über 100 kg wiegen, sein Geweih bis zu 15 kg. Im Juni bringt die Hirschkuh in der Regel ein Kalb zur Welt.

Rehwild

♂ Rehbock (er hat ein Gehörn)
♀ Rehgeiß, Ricke
Kind: Kitz

Rehwild lebt im dichten Unterholz und ist sehr standorttreu (d.h. es ist sehr territorial). Rehe – übrigens passt diese Bezeichnung auf das weibliche und das männliche Rehwild – sind eher Einzelgänger. Ihr Gewicht liegt bei ca. 15–20 kg. Im Mai/Juni kommen im Schnitt ein bis zwei Junge zur Welt (sie werden „gesetzt", wie der Förster es auch nennt). Diese haben anfänglich keinen Eigengeruch.
Die Pfade, über die das Rehwild, das Rotwild oder das Schwarzwild immer wieder läuft, sind die Wechsel.
Die Nahrung der Rehe besteht hauptsächlich aus Blättern, Kräutern und jungen Trieben. Sie trinken kaum.

Schwarzwild (Wildschwein)

♂ Keiler
♀ Bache
Kind: Frischling
Jugendlicher: Überläufer

Der Hase schläft in einer Sasse (=flache Grube bzw. Bodenvertiefung), die er sich mit seinen scharfen Krallen scharrt. Wenn er sich duckt, kann man seinen erdfarbenen Rücken kaum von der Umgebung unterscheiden. Er ist ein Einzelgänger und hat lange Ohren (=Löffel). 3- bis 4-mal im Jahr kommen jeweils zwei bis drei behaarte und sehende Junge zur Welt.

Schwarzwild liebt ausgedehnte Wälder, in denen es ohne „festen Wohnsitz" umherzieht. Die Rotte (Wildschweingroßfamilie) kann über 30 km in einer Nacht zurücklegen. Tagsüber halten sich die Wildschweine in schwer zugänglichen Dickungen auf. Besonders lieben sie morastige, sumpfige Stellen, in denen sie sich suhlen (= im Matsch wälzen). Die Bache bringt 1- bis 2-mal im Jahr bis zu acht Frischlinge im Kessel zur Welt. Der Kessel ist mit dürrem Laub, Moos und Blättern ausgepolstert, damit es die Jungen schön weich und warm haben.
Wildschweine sind Allesfresser, aber am liebsten fressen sie Insekten, Baumfrüchte oder Wurzeln.

Fuchs

♂ Fuchsrüde
♀ Fähe
Kinder: Welpen, Geheck

Die Fuchsfamilie lebt in abwechslungsreichen Feld-/Waldlandschaften (im Stadtgebiet Stuttgart sind inzwischen über 10 bewohnte Fuchsbauten bekannt!). Tagsüber leben die Füchse meist über der Erde. Nachts, bei schlechtem Wetter oder zur Aufzucht der Jungen verkriechen sie sich in einem unterirdischen Fuchsbau. Dort bringt die Fähe im März/April vier bis acht Welpen zur Welt.
Füchse haben einen sehr umfangreichen Speisezettel: Neben Hühnern, Gänsen und manchmal jungen Rehen fressen sie auch gern Obst. Absolute Spezialisten sind sie im Mäusefangen.

Hase

♂ Rammler
♀ Häsin
Junghase (2 -3 Monate): Dreiläufer

der Schwanz als Steuer. Sollte sich das Eichhörnchen beim Sprung von Baum zu Baum verschätzen und fallen, dient der buschige Schwanz zusätzlich als „Brems-Fallschirm".

Kaninchen

Die Kaninchen sind im Gegensatz zum Hasen sehr gesellig. Sie leben in einem weit verzweigten unterirdischen Kaninchenbau. Bei Gefahr trommeln sie mit ihren Füßen auf den Boden.
Die Ohren (= Löffel) sind kürzer als beim Hasen. 3- bis 5-mal im Jahr werden bis zu zehn nackte und blinde Junge zur Welt gebracht.
Übrigens: Die Stallhasen, die sich viele Menschen halten, sind genau genommen auch Kaninchen! Richtige Hasen leben nur in freier Wildbahn.

Eichhörnchen

Das Eichhörnchen lebt großteils auf Bäumen. Das kugelförmige Nest (=Kobel) in der Baumkrone besteht aus verflochtenen Zweigen und ist mit Moos und Gras ausgepolstert. Der Kobel hat einen Durchmesser von 30–40 cm. Häufig benutzt ein Eichhörnchen mehrere Nester. Es bringt 2- bis 3-mal im Jahr drei bis sieben Junge zur Welt.
Der Schwanz des Eichhörnchens ist genauso lang wie sein Körper. Beim Klettern und Springen dient

Waldmaus

Die Waldmaus gräbt kurze, unterirdische Gänge, besonders unter Samen tragenden Bäumen und Büschen oder unter Baumstümpfen. Sie ist auch ein guter Kletterer. Ihre gesammelte Nahrung lagert sie in unterirdischen Vorratskammern.

Fledermaus

Fledermäuse sind die einzigen flugfähigen Säugetiere. Sie sind nacht- und dämmerungsaktiv und halten einen Winterschlaf. Die Tagesruheplätze und Winterschlafquartiere befinden sich an ruhigen und geschützten Orten, z.B. in Baumhöhlen, Felsen, Gewölben oder Dachböden von Häusern. Dort hängen sie mit dem Kopf nach unten.

Die Winter- und Sommerquartiere sind oft unterschiedlich und liegen bei manchen Arten weit auseinander, sodass im Frühjahr und Herbst weite Wanderflüge unternommen werden müssen. Sie orientieren sich mit Hilfe eines Echolotsystems.

Habicht (Greifvogel)

Der Habicht, als Beispiel für einen Greifvogel, baut einen Horst aus Reisig im Kronenbereich von Althölzern. Er ist ein schneller und wendiger Kurz-

streckenflieger und kann daher in deckungsreichen Wäldern ohne Probleme fliegen. Seine langen Schwanzfedern liefern ihm dabei den nötigen Rückstoß. Beutetiere schlägt er im Überraschungsangriff, einem ebenfalls kurz angesetzten Flug. Im Gegensatz dazu steht z. B. der Bussard: Als typischer Segelflieger ist er weit weniger wendig und liebt freiere Landschaften.

Buntspecht

Der Buntspecht baut sich eine Nisthöhle in bereits angefaulten Baumstämmen. Der Eingang entspricht genau seiner Körpergröße und steigt etwas an, damit kein Regen eindringen kann. Die eigentliche Höhle führt senkrecht den Stamm hinunter.

Waldkauz

Der Waldkauz ist ein nachtaktiver Jäger. Sein Balzruf ist ein dunkel klingendes „Buh-buh-buh!". Als ein Höhlenbrüter wohnt er gerne in alten Baumhöhlen und Mauerlöchern. Er frisst Mäuse, kleine Vögel, manchmal aber auch Regenwürmer und Käfer.

Kuckuck

Der Kuckuck ist ein Brutschmarotzer, d. h. er baut kein eigenes Nest, sondern lässt seine Eier von anderen Vögeln ausbrüten und die Jungen von ihnen aufziehen. Im Winter fliegt er in den Süden.

Blindschleiche

Die Blindschleiche lebt oberirdisch in der Laub- und Grasschicht von Waldrändern und Lichtungen. Sie gehört zu den Eidechsen, ist wechselwarm und liebt daher eher sonnige Plätze. Sie bringt **lebende** ca. 7 cm lange Junge zur Welt.

Waldameise

Der Ameisenbau der Waldameise kann bis zu 3 m hoch und 2 m tief sein, je nach den örtlichen Gegebenheiten. Bei mangelnder Feuchtigkeit und heller, sonniger Umgebung bauen die Ameisen flache Hügel mit Erdnest. Bei mangelnder Wärme in schattigen, geschlossenen Fichtenwäldern türmen sie dagegen einen sehr hohen, überirdischen Steilkegel auf. Die Höhe des Ameisenbaus entspricht also nicht unbedingt der Stärke des Volkes, das aus über 1 Million Ameisen bestehen kann.

Das Nest baut sich aus drei Teilen auf: Hügel, Nestkern und unterirdisches Kammersystem.
Der Hügel schützt das Nestinnere vor Regen und Wärmeverlust. Im trockenen, warmen Teil unter der Nestkuppel befinden sich die Ameisenpuppen. Die unterirdischen Kammern tief unten im Ameisenbau sind gleichmäßig feucht und kühl. Hier leben die empfindlichen Eier und Junglarven. In einer Art Winterstarre überwintert hier auch das restliche Ameisenvolk.
Der Nestkern besteht aus einem abgestorbenen Baumstumpf. Hier befindet sich sozusagen der Palast des ganzen Nestes, in dem die Königin lebt, die für die Fortpflanzung verantwortlich ist. Auch die Altlarven werden in diesem Nestkern gepflegt.

Kleintiere im Boden

In der Laubstreu kann man eine große Zahl unterschiedlicher Kleintiere entdecken: Würmer, Schnecken, Spinnen, Kellerasseln, Tausendfüßler, Käfer usw. Ihre Zahl ist riesig groß. Allein in Europa gibt es über 8000 verschiedene Käferarten. In den obersten Zentimetern des Waldbodens existiert also eine eigene kleine Welt mit interessanten Tieren.

Meckerlieschen
im Frühling

Waldtheater

Inhalt:
- Es ist Frühling. Meckerlieschen, eine Buchen-knospe, erwacht aus ihrem Winterschlaf. Sie ist ziemlich schlecht gelaunt! Was sie in den ersten Wochen wohl so alles erlebt ...?

Figuren:
- Sprecher
- Meckerlieschen

Wald-Aktionen

- Blattgefühle – Pantomimespiel
- Luftmalen
- „Riech mal, was das ist!" – Sinnesspiel
- Blättermandala
- Blätterkranz
- Farbpalette
- Erzählstunde im Koboldnest: „Erna und Läuschen"

Lerninhalte

- Blattformen
- Blattbaupläne
- Licht- und Schattenblätter
- Warum die Bäume Blätter verlieren
- Fraßbilder an Blättern

Benötigte Materialien

Waldtheater:
- Poster Nr. 4 „Meckerlieschen entfaltet sich"
- Poster Nr. 5 „Meckerlieschen" (Totale)
- Poster Nr. 6 „Meckerlieschen und die Regenwolke"

Wald-Aktionen und Lerninhalte:
- Poster Nr. 7 „Blätter und Blattformen von Wald-bäumen"
- Poster Nr. 8 „Fraßbilder an Blättern"

Außerdem:
- Blumenspritze
- Streichholzschachteln oder Filmdöschen

Heute/diesmal spielen Sie den Kindern vor, was eine kleine Knospe empfindet, wenn sie sich öffnet. Was erlebt das junge Blatt? Spielen Sie den unten stehenden Text zunächst ohne Erklärung durch und lassen Sie die Kinder raten, was hier gerade passiert.

Achten Sie darauf, die beiden Figuren (Sprecher und Meckerlieschen) durch verschiedene Stimmen und unterschiedliche Mimik/Gestik für die Kinder erkennbar und voneinander unterscheidbar zu machen.

Den Sprecher können Sie neutral, gütig, manchmal amüsiert von Meckerlieschens Gejammer darstellen.

Meckerlieschen selbst ist neugierig, frech, lebhaft und – wie der Name schon sagt – ausgesprochen launisch. Diese Figur spielen Sie am besten sehr gestenreich, die Stimme möglichst hoch und laut ("piepsig") ansetzen, alle Gefühlsschwankungen intensiv darstellen.

Ihr Sprechtext:

Sprecher:

Es ist Frühling, die ersten Sonnenstrahlen fallen durch die Kronen der Bäume. Noch zeigen sich hier keine Blätter. Karl der Kobold sitzt vor seinem Häuschen und döst vor sich hin. Da hört er plötzlich eine piepsige Stimme.

Meckerlieschen:
(gähnt verträumt)

Ah, ist das so gemütlich! Ich kuschele mich noch etwas in meine warme Decke. Prima, prima!

(nach einer kurzen Pause ungehalten)

So, jetzt wird's mir aber zu eng! Oje, ... Hilfe! ... Hiiilfeeeee! Ich will raus! Und warm ist mir auch!

(danach entsetzt, verängstigt)

W... Was, was ist denn das? Iiiih, bist du so hell! Meine Augen, ... au, meine Augen tun mir weh! Geh weg, verschwinde, schalt dich aus!

(jammert und fleht)

Ach, geh bitte doch nicht weg, bleib noch

etwas hier. Mir ist so kalt und du hast so schöne, wärmende Strahlen, die tun mir so gut!

(schreit spitz und schrill)
Ach, du Schreck, was kommt denn da auf mich zu, so groß, dick und grau?! Was wird das wohl sein? Ojemine, es kommt immer näher, bewegt sich, wird immer größer!

(mit einem breiten ulkigen Grinsen)
Sieht das lustig aus, ... da fällt ja etwas herunter!

(laut um Hilfe rufend)
„Aufhören, du tust mir weh! Warum wirfst du nach mir? Ich hab dir doch nichts getan! Bitte, bitte aufhören!

Sprecher:
Bestimmt wollt ihr wissen, wer hier so laut meckerte und fluchte?

(Kinder raten lassen!)

Es war eine kleine Knospe, die aus einem Ast wuchs. Und dieser Knospe wurde es in ihrer Decke zu eng und zu warm. Den ganzen Winter hatte sie in dieser Hülle verschlafen. Jetzt wollte sie auf Entdeckungsreise gehen und schauen, was in der großen, weiten Welt alles passierte.

(Poster Nr. 4 „Meckerlieschen entfaltet sich" hoch halten und die Kinder schauen lassen)

Sprecher:
Naja, das, was ich eben erzählt habe, das mit der Entdeckungsreise, stimmte so nicht ganz. Eine Knospe kann ja wohl nicht gehen, oder? Aber sie kann sich entfalten, breit machen, die Augen offen halten, der ganzen Welt ihr neues, hellgrünes Kleidchen zeigen. Und genau das hatte sie gemacht: Die Knospe, diese kleine Meckerliese, hatte sich innerhalb von wenigen Tagen zu einem Blatt verwandelt. Und heute war ihr erster Ausgehtag.

(Poster Nr. 5 „Meckerlieschen" (Totale) hoch halten)

Sprecher:

Tja, was glaubt ihr, was dem Meckerlieschen danach so alles passierte?

(Zunächst die Kinder raten lassen)

Nachdem sich das Blatt aus seiner engen Knospenhülle befreit und dann entfaltet hatte, machte es kleine, zusammengekniffene Augen. Es wünschte, dass die Sonne endlich verschwinde. Die blendete zu sehr!
Darum rief es auch immer „Au, meine Augen!". Aber danach jammerte das Meckerlieschen schon wieder. Das mit der Sonne hatte es wohl doch nicht so ernst gemeint, denn ohne ihre wärmenden Strahlen war es ihm ganz schön kalt.

Und wisst ihr, was dieses große, graue Etwas war, das nach dem Meckerlieschen warf?

(Poster Nr. 6 „Meckerlieschen und die Regenwolke" zeigen)

Sprecher:

Was so eine kleine Regenwolke alles anstellen kann! Aber wenn man es sich richtig überlegt, … für so ein kleines, zartes Blatt sind die Regentropfen, die auf es herniederprasseln, natürlich riesig dick und können schon mächtig Angst machen. So muss es sich wohl anfühlen, wenn man mit einem Eimer voll kaltem Wasser übergossen wird.

Blattgefühle – Pantomimespiel

Jetzt können Sie mit den Kindern sehr gut nachspielen, d.h. nachfühlen, wie sich das Meckerlieschen fühlt. Sie sind das Meckerlieschen! Motivieren Sie die Kinder zum Mitmachen. Sie können die Bewegungen, Geräusche und Gefühle der kleinen Knospe laut und deutlich vormachen. Beim zweiten Durchgang sprechen Sie dann nur noch den Text und die Kinder können die Bewegungen schon allein ausführen. Unsere Ideen können Sie dabei mit den Kindern natürlich noch erweitern. Lassen Sie die Kinder sich einfach in das Meckerlieschen „reindenken" und staunen Sie, was ihnen dann noch so alles einfällt ...

Sprechtext für den Waldpädagogen:

Was glaubt ihr wohl: Wie fühlt es sich in der engen, viel zu kleinen Knospe an? Ist es da noch gemütlich in so einem engen Räumchen? Nein, ihr möchtet unbedingt hinaus und sucht und sucht …, bis ihr dann endlich einen Ausgang findet.

Jetzt, da sich die Knospe erst einmal aus ihrer störenden Hülle befreit hat, entfaltet sich ganz, ganz langsam das junge Blatt. Natürlich ist das Meckerlieschen stolz auf sein neues Aussehen – und wie!

Die Sonne blendet das Meckerlieschen.

Die Sonne verschwindet hinter einer dicken Wolke und dem Meckerlieschen wird schrecklich kalt.

Aus der dunklen Wolke regnen dicke Tropfen auf das kleine Blatt herab. Kalte, schwere riesige Wasserladungen.

Möglichkeiten für die pantomimische Darstellung :

Sich selbst mit den Armen umschlingen, sich hin und her winden, sich aus der „Hülle" befreien.

Langsam, wie in Zeitlupe, die Arme auseinander strecken (entfalten). Mit stolzgeschwellter Brust sich selbst (das neue grüne Kleidchen) präsentieren.

Die Hände vor die Augen halten, die Strahlen abwehren. Gesicht verziehen, Augen zusammenkneifen.

Am ganzen Körper zittern, sich mit den Armen umklammern, mit den Zähnen klappern, mit den Füßen trippeln.

! Hier kommt es auf den Überraschungseffekt an !
Am Ende dieses Spiels stehen die Kinder etwas unschlüssig herum. Jetzt wird die Blumenspritze aus dem Rucksack genommen (Düse vorab auf Strahl stellen; Nebel wirkt nicht!) und alle werden nass gespritzt. Der Erfolg ist durchschlagend: Die Kinder jubeln, quietschen, schreien nach mehr. Je nach Witterung geben sie sich erst zufrieden, wenn die Spritze leer ist!

„Luftmalen"

Grundsätzlich sollte das „mutwillige" Abreißen von Pflanzen oder Pflanzenteilen untersagt werden (= Abreißregel). In meinem Spielvorschlag werden wir bei dieser Regel eine Ausnahme machen.

Die Kinder stehen, abstrakt betrachtet, in einem Nutzungsgefüge zur Natur. Niemand käme auf die Idee, einem Kind auf einer Blumenwiese das Flechten eines Blumenkranzes zu verbieten (vorausgesetzt, es ist keine Orchideenwiese) oder in der Bevölkerung das Pilze- oder Beerensammeln zu verdammen oder den Förster wegen der Holz-

ernte zu verurteilen (nach dem Motto „Baum ab – nein danke!"), oder?

Um den Unterschied der einzelnen Blätter etwas besser kennen zu lernen (bei den Menschen gibt es ja auch große und kleine, dicke und dünne, helle und dunkle ...) wird mit Armen und Händen die Form eines Blattes „in die Luft gemalt". Die Kinder malen es nach. Dabei beschreibt der Sprecher die genaue Form des Blattes.

Nehmen Sie sich das Poster 7 „Blätter und Blattformen von Waldbäumen" zur Anregung.

Am geschicktesten fängt man mit einem Buchenblatt an:

> **Sprechtext als Begleitung zum Luftmalen:**
>
> „Dieses Blatt hat oben eine Spitze.
> Der Rand ist glatt oder ganz leicht gewellt.
> Es ist eirund oder oval.
> Der Blattstiel ist kurz.
> Es besitzt kleine weiche Härchen."
>
> *(Buche)*

Nun kann jedes Kind das beschriebene Blatt, in diesem Fall ein Buchenblatt (sein persönliches Meckerlieschen), in der Umgebung suchen. Zurück im Koboldnest wird es gründlich untersucht.

Wichtige heimische Laubblätter sind im Kapitel Lerninhalte/Blattformen mit entsprechenden kindgemäßen Beschreibungen aufgeführt. Vergewissern Sie sich vorher, dass die beschriebenen Blätter auch wirklich in Ihrem Waldgebiet vorhanden sind.
Bei noch nicht erwähnten „Fundstücken" – keine Angst vor eigenen Blattbeschreibungen!

Bei diesem Spiel können Sie schon jetzt – quasi als Vorbereitung für später – z. B. folgende Fragen stellen:
Warum braucht das Blatt einen Blattstiel, Blattadern, Blattgrün? In dem Abschnitt „Blattbaupläne" im Kapitel „Lerninhalte" sind Aufbau und Funktion genauer beschrieben.
Schnell werden die Kinder feststellen, dass sich außer ihnen bereits einige Tiere für die Blätter interessiert haben und ihre (Fraß)-Spuren zurückgelassen haben (vgl. Poster 8 „Fraßspuren an Blättern").

„Riech mal, was das ist!" – Sinnesspiel

Zu meinem nächsten Spiel benötigen Sie leere Streichholzschachteln oder Filmdöschen. Hinein werden unterschiedlich riechende Naturmaterialien, vorzugsweise und passend zur Szene 2 natürlich Blätter, gesteckt. Um den Geruch zu verstärken, müssen diese etwas verrieben werden.

Die Kinder sollen mit geschlossenen Augen (verstärkt den Geruchssinn) an den Gegenständen riechen und danach auf die Suche gehen, was genauso riecht.

Beispiele:
• Ein Buchenblatt riecht leicht säuerlich.
• Blatt und Rinde vom Holunderstrauch stinken.
• Fichtennadeln duften nach Harz.
• Douglasiennadeln riechen nach Apfelsinen.
• Waldboden riecht frisch.

Falls dieses Spiel anfänglich zu schwierig ist, kann man zunächst gemeinsam auf Geruchsentdeckungsreise gehen, um dadurch eine „Nasenbeziehung" zum Wald aufzubauen. Dann sucht sich jeder seinen Lieblingsduft aus.

Blättermandala

Von einer etwa einen Quadratmeter großen Fläche wird das Laub entfernt, sodass der dunkle Waldboden zum Vorschein kommt. Aus gemeinsam gesammelten Stöcken legen die Kinder einen Bilderrahmen. Der Mittelpunkt des Bildes wird durch einen besonders schönen Stein markiert. Wer findet einen solchen Mittelpunktstein? Gemeinsam ordnen die Kinder die gefundenen Blätter so um den Stein an, dass sich daraus ein wunderschönes „Blätterkreisbild" ergibt.

Blätterkranz

Aus frischen Laubblättern können sich die Kinder einen Blätterkranz herstellen und diesen als dekorativen Schmuck auf dem Kopf tragen. Die Herstellung ist eigentlich ganz leicht und trotzdem ist etwas Geschick gefragt.

Der Blattstiel eines Blattes wird einfach in die Blattspreite eines anderen Blattes gesteckt. „Doppelt gemoppelt hält besser!" – ähnlich wie beim Nähen. Darum am besten den Blattstiel statt auf der Rückseite des Blattes lieber wieder durch eine zweite Öffnung auf der Oberseite herausschauen lassen (s. Skizze).

So wird Blatt an Blatt geheftet und zum Schluss das erste Blatt mit dem letzten verbunden – fertig ist der Blätterkranz!

Farbpalette

Die Kinder sammeln verschiedene Blätter (am besten nur von Buche oder nur von Eiche) und sortieren sie von hell nach dunkel. Es entsteht eine Blätterfarbpalette. Sieht schön aus, macht Spaß, ist kreativ. Wenn man jetzt allerdings die Blätter gegen die Sonne hält, wird man etwas feststellen: Die helleren sind lichtdurchlässiger und dünner, die dunkleren etwas dicker, fester und lichtundurchlässiger. (Die einen sind die **Lichtblätter**, die anderen die **Schattenblätter**. Mehr dazu auf Seite 40!)

Erzählstunde im Koboldnest

Passend zum Thema dieser Waldaktionen können Sie den Kindern die Geschichte „Erna und Läuschen" aus „Förster Bodos Märchenwelt", S. 57, von Bodo Marschall vorspielen bzw. erzählen. (Literaturangaben s. Anhang). In dieser Geschichte geht es um zwei typische Blattbewohner.

Blattformen

So wie es unterschiedliche Menschen gibt, groß oder klein, dick oder dünn, hell oder dunkel, so gibt es auch die unterschiedlichsten Blattformen. Sie können z. B. oval, rund, länglich oder handförmig gelappt sein.

Es gibt auch Blätter, die am Blattstiel viele (gefiederte) Einzelblätter haben. Auch die Blattränder sind unterschiedlich ausgeformt: glatt oder gezackt, gelappt oder gesägt.

Hier habe ich einige gängige Baumblätter für Sie zusammengestellt. Möchten Sie dies mit den Kindern einüben, können Sie Poster Nr. 7 aus der Posterbox benutzen.

Eichenblatt

Es hat oben eine abgerundete Spitze.
Der Blattrand besitzt jeweils etwa fünf bis sechs abgerundete Lappen.
Das Blatt ist etwas länglich.
Es hat einen ziemlich kurzen Stiel.

Buchenblatt

Es hat oben eine Spitze.
Der Rand ist glatt, im Frühling leicht gezähnt.
Es ist oval.
Der Blattstiel ist kurz.
Es besitzt, wenn es frisch ausgetrieben ist, kleine weiche Härchen.

Ahornblatt
(hier Bergahorn)

Das Blatt ist ziemlich groß und hat fünf spitze Lappen mit tiefen Einschnitten.

Lerninhalte

Die zwei unteren Lappen sind kleiner als die drei oberen.
Der Blattrand ist gesägt (gezackt).
Der Stiel ist sehr lang und hat eine Rille.

Birkenblatt

Es hat oben eine lange Spitze.
Der Blattrand ist doppelt gesägt.
Die Blattform ist fast dreieckig.
Der Blattstiel ist relativ lang.

Wildkirschenblatt

Das Blatt hat oben eine Spitze und eine eher längliche Form.
Der Rand ist gezackt wie eine Säge.
Am Stiel sitzen zwei kleine rote Punkte (=Nektardrüsen).

Vogelbeeren- /Ebereschenblatt

Der Blattrand ist gesägt.
Das Blatt besteht aus vielen kleinen Blättern.
An der Spitze sitzt ein kleines längliches Blatt, das in den Blattstiel übergeht. Rechts und links sind zwei Blätter, danach gibt es wieder ein Stück Stiel, an dem sich nochmals zwei Blätter anschließen.

Fichtennadel

Am Ast sitzen mehrere Zweige, an denen rundherum ganz viele spitze Nadeln hängen.
Wenn man eine Nadel abreißt, bleibt ein kleines Stückchen Rinde hängen
Dreht man eine Fichtennadel zwischen den Fingern hin und her, fühlt sie sich kantig an.

Kiefernnadel (gemeine)

Zwei Nadeln gehören immer zusammen und sitzen paarweise am Kiefernzweig. Sie sind leicht gedreht, steif und spitz.

Blattbaupläne

Blattaufbau – von außen betrachtet

Ein Blatt besteht aus **der Blattspreite (=Blattgrün)**, **den Blattadern** und **dem Blattstiel**. Die sehr dünne Blattspreite ist für den Baum sehr wichtig: Mit ihr kann der Baum atmen, Sonnenstrahlen auffangen und schwitzen!

Stark verzweigte Adern (=Rippen) durchziehen das gesamte Blatt. Dieses netzartige System dient der Zufuhr von Wasser und Nährsalzen aus dem Boden und dem Abtransport der in den Blättern mithilfe der Sonne gebildeten Stoffe (vgl. Szene 4, Transpiration, Assimilation und Fotosynthese).

Die Blattadern sind also mit den Blutadern der Menschen zu vergleichen. Durch sie fließt allerdings kein Blut, sondern Baumsaft. Zusätzlich sorgen die Adern dafür, dass sich das Blatt ganz weit auseinander streckt, ähnlich wie bei einem Sonnenschirm.

Die Adern münden alle in den Blattstiel. Neben der Transportaufgabe hat dieser Blattstiel noch eine Stabilitätsfunktion: Er trägt die Blattspreite und sorgt dafür, dass diese, weg vom Stamm, in Richtung Licht wächst. Anders ausgedrückt: Der Stiel dreht die Blätter so, dass sie immer die Sonne anschauen und somit viele Sonnenstrahlen sammeln können. Je nach Lage der Blätter in der Krone und je nach Jahreszeit werden Licht- und Schattenblätter ausgeprägt (s. S. 40).

Außerdem hält sich das Blatt mit dem Stiel an dem Zweig fest.

Blattaufbau – im Längsschnitt

Dieses Kapitel steht in engem Zusammenhang mit den Themen „Fotosynthese, Assimilation und Transpiration", die in Szene 4 behandelt werden.

Ein Kuchenstück als Studierobjekt

Stell dir vor, du wärst eine ganz kleine Raupe, die gerade dabei ist, ein Blatt anzuknabbern. Für dich würde dann das Blatt natürlich nicht hauchdünn aussehen, sondern vielleicht ähnlich dick wie ein leckeres Stück Obstkuchen. Und wie der Kuchen so besteht auch das Blatt aus verschiedenen Schichten:

Epidermis: der Zuckerguss

Nach oben ist das Blatt von einer dünnen, durchsichtigen Haut, der Epidermis, umgeben. Diese kann man mit einer gewachsten Wetterschicht vergleichen. Sie entspricht in unserem Kuchenbeispiel dem Zuckerguss. Dieser Blattüberzug ist aus einer schützenden, festen, wachsartigen Substanz. Sie sorgt zum einen dafür, dass der Regen von der Blattoberfläche abperlt, zum anderen ist sie dafür zuständig, dass das Wasser, das über die Leitungsbahnen aus der Erde zu den Blättern gelangt, nicht allzu unkontrolliert verdampft. (Eine geringere

Verdunstung findet allerdings auch hier statt, vgl. Spaltöffnungen!)

Palisadengewebe: eine Obstauflage

Unter dieser Schutzschicht (Epidermis) befindet sich eine Schicht mit vielen grünen Zellen, die dicht gedrängt nebeneinander liegen, ähnlich wie die Pfähle bei einem Palisadenzaun. Darum nennt man diese Schicht auch **Palisadengewebe**. Beim Kuchen wäre dies die leckere Obstschicht, die möglichst dicht belegt werden sollte, damit der Kuchen schmeckt.
Beim Blatt befindet sich hier das **Blattgrün (Chlorophyll)**, von dem die Sonnenstrahlen aufgefangen werden. Deren Lichtenergie wird dann in chemische Energie umgewandelt – ähnlich wie in einer Solarzelle. In dieser **Chlorophyllschicht** befindet sich auch die „Zuckerfabrik" des Baumes: CO_2 aus der Luft und Wasser aus der Erde werden mit Hilfe der „Solarzellenenergie" zu Zucker umgewandelt. Dann wird der hergestellte zuckerhaltige Baumsaft über die Blattadern nach unten in den Baum geleitet.

Schwammgewebe: ein locker-luftiger Bisquit

Die Schicht nahe an der Unterseite des Blattes besteht aus vielen Hohlräumen. Man nennt sie wegen ihrer Ähnlichkeit mit einem Schwamm auch **Schwammgewebe**. Bei dem Vergleich mit dem Obstkuchen wäre das der locker-luftige Bisquitboden. Hier wird das CO_2 aus der Luft gefiltert.

Epidermis mit Spaltöffnungen: eine hauchdünne Schicht voller „Münder"

Die Unterseite des Blattes ist ähnlich wie die Oberseite wieder durch eine dünne Haut nach außen hin geschützt. Leider gibt es bei unserem Kuchenbeispiel nichts Entsprechendes, denkbar wäre z.B. eine Tortenunterlage, aber dieser Vergleich stimmt nicht. Warum nicht?
Weil das Blatt in seiner untersten Schicht etwas ganz Besonderes hat, nämlich viele kleine Öffnungen, die es selbstständig auf- und zumachen kann. Diese Öffnungen sind so winzig, dass 5.000 von ihnen auf deinen Fingernagel passen würden.
(Bei der Buche befinden sich z.B. auf einem Quadratmillimeter 340 kleine Öffnungen!)

Da sich so dicht gedrängte Öffnungen immer nur einen kleinen Spalt öffnen können, nennt man sie auch **Spaltöffnungen**.

Weil die Tortenunterlage keine Öffnungen hat, ich aber bei dem Obstkuchenbeispiel bleiben möchte, kannst du die Spaltöffnungen mit deinem Mund vergleichen. Vielleicht möchtest du ja gern ein Stück Torte verspeisen: Du isst sie durch deinen Mund, den du einen Spalt weit öffnest.

Mit deinem Mund kannst du aber nicht nur Essen aufnehmen, sondern auch noch ein- und ausatmen. Und bei Kälte kannst du sogar feststellen, dass beim Ausatmen in deinem Atem kleinste Wassertröpfchen enthalten sind, die in der kalten Luft sichtbar werden.
Genau das Gleiche gilt für die Spaltöffnungen auf der Blattunterseite. Diese kleinen Öffnungen, auch Stomata (von griechisch Stoma, der Mund!) genannt, übernehmen die Aufgaben des Mundes. Sie atmen Luft ein, das CO_2 daraus vermischt sich im Blattinnern mit dem Wasser aus der Erde und der umgewandelten Energie aus der Sonne und fertig ist der zuckerhaltige Baumsaft, den der Baum zum Wachsen braucht.

Beim Ausatmen gelangt dann Sauerstoff aus den Blattmündern in die Luft und zusätzlich noch Wasser in Form von Wasserdampf. Dieses Ausatmen von Wasserdampf sorgt dafür, dass frisches Wasser von den Wurzeln in die Blätter „nachströmt" (s. Transpiration, S. 65, Szene 4).

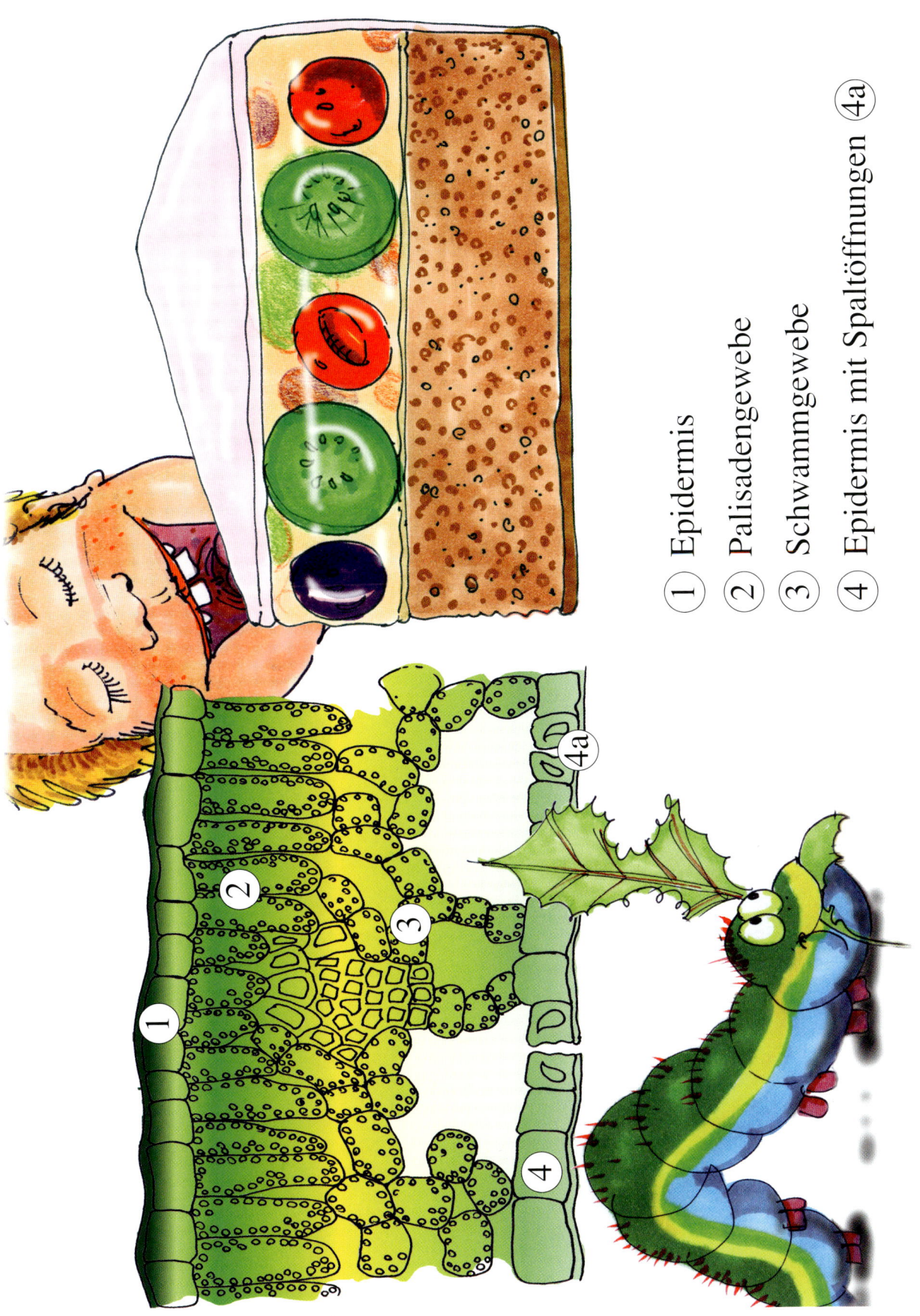

1 Epidermis
2 Palisadengewebe
3 Schwammgewebe
4 Epidermis mit Spaltöffnungen 4a

Ist es draußen zu heiß oder ist die Erde zu trocken und droht das Blatt bzw. der Baum zu „verdursten", schließen sich die Spaltöffnungen. Wasserverbrauch und Atmung laufen auf „Sparflamme".

Du selbst kannst zwar nicht wie das Blatt das Schwitzen und die Atmung verringern, aber wenn du satt bist und keinen Kuchen mehr möchtest, machst du deinen Mund zu.
Also könnte man dich sogar, wenn du Kuchen isst, mit einem Blatt vergleichen. Hättest du das gedacht?

Für ganz Wissbegierige:
In ganz geringem Umfang wird auch über die Blattoberseite Wasser verdunstet. Diese Verdunstung kann das Blatt allerdings nicht selbstständig steuern. Aus diesem Grund vertrocknen Pflanzen trotz geschlossener Spaltöffnungen.

Licht- und Schattenblätter

Das Ziel jedes Baumes ist es, so viele Blätter wie möglich so nah wie möglich an die Sonne zu bringen, damit seine „solarbetriebene Zuckerfabrik" in den Blättern produktiv ist. Darum gibt es Blätter, die ganz oben außen in der Krone wachsen und vielen Sonnenstrahlen ausgesetzt sind (=Lichtblätter) und solche, die im Innern und weiter unten im Blätterdach wachsen und somit weniger Sonnenstrahlen sammeln können (=Schattenblätter).

Wenn der Baum allerdings zu viele Sonnenstrahlen bekäme, wäre das auch nicht gut. Ein Sonnenbrand wäre die Folge. Das Blatt muss sich darum vor zu starker Strahlung schützen. Deshalb sind die **Lichtblätter** dicker und dunkler; sie enthalten einen Sonnenschutz. Die **Schattenblätter** dagegen sind heller, zarter und durchscheinender; sie haben keinen Sonnenschutz ausgebildet. Wenn man die unterschiedlichen Typen gegen das Licht hält, kann man sie gut unterscheiden.

Warum die Bäume Blätter verlieren ...

Dass die Bäume im Herbst ihre Blätter verlieren, geschieht nicht zufällig, etwa durch den Herbstwind, sondern es ist ein aktives „Zur-Ruhe-Gehen". Bevor man abends schlafen geht, zieht man ja auch seine Kleider aus.

Sichtbares Zeichen dieses „Zu-Bett-Gehens" ist die Vergilbung der Blätter. Das Blattgrün (Chlorophyll) mit seinen wertvollen Bestandteilen wird abgebaut und im Stamm gelagert. Er dient als winterlicher Vorratsraum des Baumes.

Die anderen roten und gelblichen Farbstoffe bleiben in den Blättern. Sie bilden die typisch bunte Herbstfärbung. Wie so oft gibt es auch hier einige Ausnahmen. So fallen die Blätter der Esche und des Holunders noch in grünem Zustand von den Bäumen.

Der eigentliche Blattabfall wird durch die Bildung eines Trenngewebes zwischen Blattstiel und Zweig eingeleitet. Diese Trennschicht wirkt wie eine „Sollbruchstelle". Was übrig bleibt, ist eine kleine Blattnarbe und ... – die Knospen, das Überwinterungsstadium des neuen Blattes.

Übrigens: Auch die immergrünen Nadelbäume oder die immergrünen Urwaldbäume verlieren ihre Blätter, aber nicht alle zusammen, sondern einzeln, je nach Baumart alle drei, vier, fünf oder mehr Jahre.

Beim Spiel „Wer findet Meckerlieschen" ist Ihnen und den Kindern vielleicht an manchen Blättern schon etwas aufgefallen: Fraßspuren oder andere seltsame Elemente. *Hier und auf Poster Nr. 8 finden Sie die Antwort:*

Fraßbilder an Blättern

Springrüssler

Wenn Buchenblätter und manchmal auch Eichenblätter kleine Löcher besitzen und die Blattspitze braun verfärbt ist, hat bestimmt der Springrüssler daran genagt. Er ist ein ganz kleiner Käfer mit einem richtigen Rüssel. Da er sehr flink ist, wie ein Floh springen kann und am liebsten Meckerlieschen anknabbert, heißt er auch „Buchenspringrüssler". Liebt er dagegen Eichenblätter, so ist es der „Eichenspringrüssler". So einfach ist das! (Können Ihre Kinder einen Springrüssler nachspielen? Lassen Sie der Fantasie freien Lauf!)

Buchenblattgallmücke

Oft sieht man auf Buchenblättern kleine, eiförmig zugespitzte „Gallen". Das sind grüne, später braune Pickel oder Klümpchen, die direkt auf den Blättern sitzen. Sie stammen von der klitzekleinen, zarten Buchenblattgallmücke. In dieser Galle lebt ein winziges Räupchen, das sich von Blattsaft ernährt. Wenn man die Galle aufschneidet (Vorsicht! Sie ist hart!) und genau hinschaut, kann man das Räupchen erkennen. (Im Herbst ist es etwas größer, aber immer noch winzig.)

Eichengallwespe

An der Unterseite von Eichenblättern kann man oft kugelige „Galläpfel" erkennen. Sie heißen so, weil sie anfangs eine grüne, später aber eine richtig rote Farbe bekommen. Sie sehen dann aus wie rotbackige Äpfel, sind allerdings viel kleiner und man kann sie nicht essen! Und zwar legt eine ganz kleine Wespe, die Eichengallwespe, ihre Eier auf die Unterseite von Eichenblättern. Das Blatt wächst um das Ei herum und bildet so diese sonderbaren Äpfel. Dort entwickelt sich aus dem Ei ein Räupchen, das Räupchen verpuppt sich, aus der Puppe schlüpft wieder eine Eichengallwespe. Die frisst sich dann aus dem „Apfel" heraus und … fliegt davon. Toll, was?!

Blattroller

Man sieht manchmal Blätter von Birke, Eiche, Weide, Ahorn, Buche oder Hasel, die wie Zigarren zusammengerollt an Zweigen hängen und vertrocknet sind. Hier könnte ein Blattroller am Werk gewesen sein. Dieser Blattroller ist ein kleiner Rüsselkäfer, der etwas ganz Sonderbares macht: Er schneidet das Blatt von beiden Seiten ein, sodass es an der Spitze keinen Baumsaft mehr bekommt. Danach rollt sich das welke Blatt zusammen und der Käfer legt in diese Blattrolle seine Eier. Daraus schlüpfen wieder die Larven, die sich verpuppen. Aus den Puppenhüllen krabbeln später die Blattroller heraus.

Was macht ein Buchenblatt den ganzen Tag?

Waldtheater

Inhalt:
- Während eines Gesprächs mit dem Meckerlieschen will Karl der Kobold wissen, was so ein Blatt den ganzen Tag treibt. Doch eine hungrige Raupe mit einem heimtückischen Plan unterbricht jäh das Gespräch …

Figuren:
- Sprecher
- Meckerlieschen
- Karl der Kobold
- Raupe

Wald-Aktionen
- Raupenslalom
- Die Raupe beißt sich in den Schwanz
- „Ratz-fatz-schmatz!"
- Tierpantomime
- Vernetzter Lebensraum „Wald"
- Erzählstunde im Koboldnest: „Das Eichhörnchen und der Fuchs"

Lerninhalte
- Nahrungskette und Nahrungskreislauf
- Fraßspuren der Waldtiere

Benötigte Materialien

Waldtheater:
- Poster Nr. 9 „Karl spricht mit Meckerlieschen"
- Poster Nr.10 „Meckerlieschen und die Raupe"

Wald-Aktionen und Lerninhalte:
- Poster Nr. 11 „Nahrungskreislauf im Waldgefüge"
- Poster Nr. 12 „Fraßspuren der Waldtiere"

Außerdem:
- Kekse
- Wollknäuel
- Selbst gemachte Tier- und Pflanzenkärtchen (s. S. 50)

In dem kurzen Stück, das Sie diesmal den Kindern vorführen, kommt eine neue Figur hinzu: eine gefräßige Raupe.

Versuchen Sie, der Raupe eine eigene Stimme mit einer wehleidig jammernden Note darin zu geben.

Die Kinder erfahren in der dritten Szene, dass die Tiere und Pflanzen im Wald ein bestimmtes System bilden, in dem ein Tier/eine Pflanze die Nahrung einer anderen/eines anderen sein kann; d. h. die Kinder lernen die Nahrungskette bzw. den Nahrungskreislauf im Wald kennen.

Ihr Sprechtext:

Sprecher:

Karl der Kobold liegt auf einem Blatt. Er freut sich, dass außer dem Meckerlieschen noch viele andere zarte, hellgrüne Blätter um ihn herum wachsen. Alle Blätter zusammen bilden die Krone eines Baumes. Viele Baumkronen zusammen bilden das Kronendach eines Waldes.

Karl der Kobold:

(neugierig und höflich, wendet sich gut gelaunt an das Meckerlieschen)

Guten Tag, liebes Buchenblatt. Ähm …, was ich Sie schon immer einmal fragen wollte – oder darf ich „du" sagen, also – … was treibst du denn eigentlich so den ganzen Tag?

Meckerlieschen:

(wichtigtuerisch)

Oh, ich habe sehr viel zu arbeiten. Schließlich bin ich Bahnhof, Parkplatz und Haltestelle in einem. Wo sonst könnten sich all die Käfer, Schmetterlinge und Bienen während ihres Fluges ausruhen – und noch dazu mit solch einem fantastischen Rundblick?!

Und dann bin ich auch noch Tankstelle: Wenn ein Käfer keine Kraft mehr zum Fliegen hat, gebe ich ihm etwas von meinem feinen Blattsaft. Gut gestärkt kann er sich sofort wieder in die Luft erheben …

Sprecher:

Doch da unterbricht sich das Meckerlieschen und schaut wie gebannt auf einen kleinen Punkt.

Meckerlieschen:

(anfangs ängstlich flüsternd, gespannt)

Da gibt es allerdings auch sehr unangenehme Gesellen, die ich gar nicht so gerne auf mir sitzen habe.

Die kommen einfach anmarschiert und glauben …

… uiiiii, da ist so einer. Pssst, sei jetzt bloß leise, Karl! Vielleicht entdeckt er mich ja nicht! …

… Aua! Aufhören, das kitzelt! … Au, und jetzt tut es weh!

(dann, laut)

Wenn du mich nicht sofort in Ruhe lässt, werde ich wirklich sauer! Schluss jetzt!

Sprecher:

(zeigt Poster mit Raupe)

Da kam doch tatsächlich eine kleine Raupe angeschlichen und wollte auf Meckerlieschen eine kurze Pause einlegen. Aber mit den vielen, vielen Füßen, die so eine Raupe besitzt, ist es gar nicht einfach, leise zu schleichen. Oft stoßen die Füße aneinander, stehen aufeinander oder stolpern sogar übereinander.

Und das kitzelt das Meckerlieschen natürlich. Dieses Räupchen hier hatte sich grün angemalt, genauso grün wie unser Blatt, um nicht entdeckt zu werden. Genau auf das Meckerlieschen setzte sich die kleine Raupe und

dann fing sie an zu knabbern.

Wo? – Na, an dem Blatt natürlich. Stell dir vor, es würde jemand an deinem Ohr herumbeißen, und das ohne zu fragen!

Meckerlieschen:

(schreit die Raupe wutentbrannt an)

Wenn du jetzt nicht sofort aufhörst, rufe ich den Vogel. Und was der mit dir macht, das weißt du genau: Er wird dich verspeisen. Und glaub ja nicht, er entdeckt dich nicht mit deiner grünen Tarnfarbe. Ich werde ihm genau zeigen, wo du dich versteckst.

Raupe:

(zieht sich jammernd zurück, murmelt trau-

rig vor sich hin)

Noch nicht einmal in Ruhe speisen kann man hier. Ich hab doch auch Hunger! Wovon soll ich denn leben?

(dann vorwurfsvoll drohend)

Diese ... diese eingebildeten Blätter. Die glauben wohl, sie wären allein auf der Welt! Na, wartet nur, ich rufe alle meine Freunde, dann werdet ihr schon sehen!

(zum Schluss laut und voller Selbstmitleid, weinend)

Niemand lässt mich an sich knabbern! Jeder jagt mich weg! Es ist alles so traurig! Buhuhuhuuuuu, ich habe Hungääär!

Raupenslalom

Die Kinder stellen sich hintereinander auf. Die Hände legen sie auf die Schultern des „Vordermannes". Das erste Kind bildet den Raupenkopf, das letzte den Raupenschwanz. In dieser Zeit hängen Sie in etwa 50 bis 100 m Entfernung das Poster Nr. 5 von Meckerlieschen am „Ziel-Baum" auf und verstecken heimlich die Kekse hinter dem Baum.

Ideal ist es, wenn zwischen der Kinderraupe und dem „Ziel-Baum" noch einige Hindernisse wie kleinere Bäume, Baumstümpfe oder Sträucher stehen, die allerdings den Blick zum Meckerlieschenposter nicht versperren sollten.

Jetzt stellen sich die Kinder vor, sie wären die hungrige Raupe, die das leckere Meckerlieschen entdeckt hat. Also machen sie sich langsam auf den Weg, um genüsslich am Meckerlieschen zu knabbern.

Wichtig ist, dass die Kinder zusammenbleiben, d. h. dass die Raupe nicht auseinanderreißt, denn ohne Schwanz ist sie nur noch halb so viel wert. Im Zickzack kommen die Kinder dem „Ziel-Baum" immer näher (evtl. den Weg etwas vorgeben). Dort angelangt können sie endlich je ein Blatt (einen Keks) verspeisen.

Die Raupe beißt sich in den Schwanz

Damit sich die Kinder einmal richtig austoben können, sollten Sie für dieses Spiel ein Waldstück ohne hinderliches Unterholz aussuchen. Um etwas

Übung zu bekommen, sollten die Kinder „Die Raupe beißt sich in den Schwanz" gleich mehrmals ausprobieren.

Die Grundaufstellung ist die des Raupenslaloms, es gibt also einen Raupenkopf und einen Raupenschwanz. Zur Einstimmung können Sie den Kindern erklären, dass die Raupe noch sehr jung und verspielt ist. Vor kurzem hat sie einen Hund dabei beobachtet, wie er versuchte sich selbst in den Schwanz zu beißen. Genau dies will sie jetzt auch probieren.

Bei diesem Raupenspiel versucht also der Raupenkopf (das erste Kind in der Raupenschlange) den Raupenschwanz (das letzte Kind) zu fangen. Der Raupenschwanz muss auf der Hut sein und ausweichen, ohne dass dabei die Raupe auseinander reißt.

Variante:
Schwieriger wird das Spiel, wenn es mit zwei Raupen gespielt wird, die zu Beginn des Spiels in zwei Reihen nebeneinander oder einander gegenüber stehen. Knifflig wird es für die Kinder, wenn die beiden Raupen beim Ausweichen durcheinander laufen.

„Ratz-fatz-schmatz!"

Am besten können Sie dieses Spiel beim Frühstück erklären. Die Kinder sollen einmal genau beobachten, welche Zahnspuren sie hinterlassen, wenn sie in ihr Brot, ihren Apfel oder ihre Banane beißen. Ausnahmsweise dürfen sie auch essen wie die Tiere, d. h. ohne Bestecke oder Hände zu benutzen, und schlüpfen dabei in die Rolle des Regenwurms, der Maus, des Spechts, des Fuchses oder des Wildschweins.

Welch eine Geräuschkulisse, welch ein Anblick! (Fotografieren nicht vergessen!) Machen Sie auch selbst mit und gönnen Sie sich diesen Spaß!

Ähnliches wie die Abdrücke der Zähne in den Nahrungsmitteln kann man auch bei den Tieren im Wald beobachten. Jedes Tier hat seine eigene Fraßspur. Gehen Sie im Wald auf „Fraßspurensuche" (Hilfe leistet Ihnen Poster Nr. 12 „Fraßspuren der Waldtiere".) Gemeinsam – evtl. auch anhand des Bestimmungsposters wird dann untersucht, gedeutet, vielleicht auch nachgemacht, wie das Tier an dieser Stelle wohl gefressen/genagt/gekaut haben mag.

Tierpantomime

Die Tiere, deren Fraßspuren die Kinder bei „Ratz-fatz-schmatz!" entdeckt haben, kann man im Koboldnest pantomimisch nachstellen. Anschließend sprechen Sie über die Tiere, deren Fraßspuren nicht gefunden wurden.

Nicht immer ist gerade ein Wildschwein in der Nähe, das kurz zuvor den Boden aufgewühlt hat. Fließend können Sie so in den Themenschwerpunkt „Nahrungskette, Nahrungskreislauf" überwechseln.

Vernetzter Lebensraum „Wald"

In diesem Spiel soll die Lebensgemeinschaft im Wald mit all ihren Abhängigkeiten und Vernetzungen dargestellt werden. Dazu stellen Sie sich am besten am Tag vorher Pflanzen- und Tierkärtchen her, auf denen die wichtigsten Teilnehmer der Nahrungskette zu erkennen sind. Ältere Kinder können auf diese Kärtchen auch einfach die jeweiligen Tier- und Pflanzennamen schreiben.

Alle stellen sich im Kreis auf und jedem Teilnehmer ordnen Sie nun ein Kärtchen mit einer Pflanze oder einem Tier zu. Der Spielleiter steht in der Mitte und symbolisiert den Baum. Er hält das Ende des Wollknäuels fest. Dann kann das Spiel beginnen.

Der Leiter, der „Baum", stellt die Frage: „Wer nagt an meiner Wurzel?" Ein Kind, das das Maus-Kärtchen hat, meldet sich. Der Spielleiter wirft das Knäuel, ohne seinen Faden loszulassen, der Maus zu.

Dann stellt er die nächste Frage: „Wer frisst gerne Mäuse?" Es meldet sich der Fuchs, dem jetzt die Maus das Wollknäuel zuwirft, wobei sie den Faden festhält. Das Knäuel wandert weiter und weiter, bis sich zum Schluss alle Tiere/Pflanzen an der Schnur festhalten und ein Netz entsteht. Dieses Netz symbolisiert die Zusammenhänge im Lebensraum „Wald".

Beispiel für Ihr „Netzspiel":

An den **Wurzeln** eines Baumes nagt die **Maus**. Die Maus wird vom **Fuchs** gefressen. Der Fuchs fängt manchmal auch junge **Rehe**. Die Rehe fressen die **Knospen** an den Bäumen. Auch der **Luchs** fängt **Rehe**. Der Luchs kann sehr gut **Baum**stämme hinaufklettern. Hier lebt der **Bockkäfer**. Der wird vom **Specht** gefressen. In der Höhle des Spechts lebt die **Hohltaube**. Der **Habicht** frisst gern Vögel wie Taube oder **Kohlmeisen**. Die **Kohlmeise** frisst **Raupen** und diese ernähren sich von **Eichen**blättern. Auf einem Eichenblatt ruht sich ein **Falter** aus. **Fledermäuse** lieben Falter, besonders Nachtfalter und suchen Unterschlupf in den Ritzen und Löchern alter **Eichenbäume**. In den Eichen baut auch das **Eichhörnchen** sein Nest. Der Feind des Eichhörnchens ist der **Baummarder** usw.

Sicherlich können Sie diese Kette immer wieder neu entwickeln und anders verlaufen lassen. Oder Sie forschen mit den Kindern nach neuen „Fress-stationen", damit sie die Nahrungskette sogar noch erweitern können.

Tipp:
Interessant ist es, mit den Kindern anhand dieses Netzes das sensible Gleichgewicht der Lebensgemeinschaft im Wald wie folgt nachzuerleben:

Fall 1:
Was passiert, wenn eine Tierart, z. B. die Raupen, zunimmt? (Die Zunahme stellt die Raupe durch Handhochhalten dar.) Dann gibt es im Wald weniger Blätter, weil die vielen Raupen alle Blätter fressen. (Das Blatt geht in die Hocke.) Jetzt aber kann sich das Eichhörnchen nicht mehr richtig vor dem Marder verstecken. Was passiert wohl, wenn es immer weniger Eichhörnchen gibt? (Eichhörchen geht in die Hocke.) Nimmt dann vielleicht eine andere Tier- oder Pflanzenart wieder zu, die vom Eichhörnchen gern gefressen wird? ...

Fall 2:
Was passiert, wenn eine Tierart, z. B. der Luchs, durch den Menschen ausgerottet wird? (Der Luchs lässt sein Fadenstück los – und in dem Netz entsteht ein Loch.)

Fall 3:
Was passiert, wenn der Wald verschwindet, z. B. durch Sturm oder Waldsterben? ...

Der Fantasie sind beim Zusammensetzen dieses Spiels keine Grenzen gesetzt: Auch den Kuckuck, die Blattlaus, die Ameise, den Regenwurm, die Wildsau und den Menschen sowie viele weitere Tiere und Pflanzen können Sie in ihr „Waldnetz" mit einbauen.

Erzählstunde im Koboldnest

Für die Erzählstunde im Koboldnest eignet sich diesmal die Geschichte „Das Eichhörnchen und der Fuchs" S. 45, aus „Förster Bodos Märchenwelt" (s. Literaturangabe). Auch hier geht es um die Problematik von Fressen und Gefressenwerden.

Fraßspuren der Tiere

Überall im Wald kann man die Fraßspuren der Tiere finden:

In der Erde

An den Wurzeln von Bäumen und Pflanzen nagt gern der Engerling, die Larve des Maikäfers. Er ist ein richtiger Wurzelbeißer. Auch verschiedene Mäusearten, wie z. B. die Erdmaus, lieben Wurzeln.

Sieht die Erde über einer Wurzel aufgewühlt aus, war bestimmt ein Wildschwein am Werk. Vielleicht war es auf Wurzelbeißerfang?

In Bodennähe

An jungen Bäumchen kann man sehr unterschiedliche Fraßspuren entdecken: Wurden Knospen abgebissen, hat hier vielleicht ein Hase oder ein Reh seinen Hunger gestillt. Da das Reh im Unterschied zum Hasen keine Nagezähne hat, „quetscht" es die Knospe ab. Darum ist hier die Bissstelle lange nicht so glatt wie bei einem Hasenbiss.

Manche Mäuse (Rötelmaus) sind wahre Kletterkünstler. In einigen Metern Höhe nagen sie die Rinde an. Wenn man genau hinschaut, kann man sogar die Spuren ihrer winzigen Nagezähnchen erkennen.

An Früchten

Die Lieblingsspeise vieler Waldbewohner sind die energiereichen Samen und Früchte. Jedes Tier hat seine ganz besonderen Fressgewohnheiten: Kleine Löcher an Eicheln oder Haselnüssen stammen vom Eichelbohrer.

Fichtenzapfen können von Eichhörnchen, Maus oder Specht angefressen sein. Der Spechtschnabel hinterlässt zerrupfte Schuppen, die Nager beißen die Schuppen ganz ab.

An Blättern

Fraßspuren an Blättern können durch verschiedene Käfer, Läuse, Gallmücken und -wespen, Miniermotten entstanden sein, aber auch von Hirsch und Reh herrühren.

Am Baumstamm

An der Rinde von Baumstämmen sieht man die typischen Fraßbilder von Borkenkäfern (Buchdrucker, Kupferstecher) oder Schälspuren vom Rotwild. Hirsche fressen großflächig die Rinde von Fichten oder Buchen. Die Haut des Baumes ist dann stark beschädigt, der Baum kann lebensbedrohlichen Schaden nehmen.

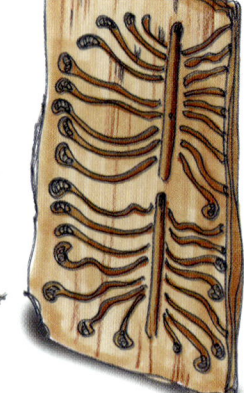

An Tieren

Greifvögel wie Habicht und Eule speien unverdauliche Beutereste wieder aus. Diese Reste nennt man Gewölle.

An einem Ameisenbau kann man unterscheiden, ob ein Specht mit seinem Schnabel (kleine Löcher) oder der Fuchs mit seinen Pfoten (tiefe, größere Löcher) am Werk war.

Gehen Sie auch mit den Kindern auf die Reise nach den geheimnisvollen Spuren der Tiere.

Das Poster Nr. 12 „Fraßspuren der Waldtiere" hilft Ihnen dabei.
Hinweise für Fraßspuren an Blättern finden Sie auf Poster Nr. 8 „Fraßbilder von Insekten an Blättern" und in Szene 2 ab Seite 33.

Nahrungskette und Nahrungskreislauf

Der Wald bietet vielen Tieren und Pflanzen Wohnung. In einem naturgemäßen Buchenwald können z. B. bis zu 7.000 verschiedene Tierarten leben. Und alle diese Tiere und Pflanzen stehen in irgendeiner Beziehung zueinander.

Fressen und Gefressenwerden

Raupe	frisst	Meckerlieschen (Blätter)
Kohlmeise		Raupen (Eichenwicklerraupe) und Falter (Eichenwickler)
Specht		Käfer (Borkenkäfer) und Larven (Bockkäferlarven)
Baummarder		Eichhörnchen, Kohlmeise, Maus
Fuchs		Maus, Rehkitz
Reh		Blätter, Knospen
Mensch		Wildschweine, Rehe, Pilze
Maus		Buchecker, Rinde, Wurzeln
Eichhörnchen		Eicheln, Haselnüsse
Regenwurm		Pflanzenteile, Tierreste
Waldkauz		Specht, Eichhörnchen, Maus
Luchs		Reh
Wildschwein		Allesfresser

Nahrungsketten bilden

Wenn man nun aus der Aufstellung „Fressen und Gefressenwerden" einige Tiere und Pflanzen hintereinander reiht, entsteht die sog. **„Nahrungskette"**. Beispiele für zwei typische Wald-Nahrungsketten sind:

1. Meckerlieschen (Buchenblatt) ➡ Raupe ➡ Vogel (z. B. Kohlmeise) ➡ Waldkautz

2. Buchecker ➡ Maus ➡ Wildschwein ➡ Mensch

Gemeinsam mit den Kindern finden Sie sicherlich noch einige Beispiele.

Nahrungskreislauf im Wald

Man kann die Zusammenhänge im Wald allerdings auch als einen **„Nahrungskreislauf"** beschreiben: Pflanzen können mithilfe der Nährstoffe aus der Erde und mit Hilfe der Sonnenenergie wachsen. Sie produzieren Pflanzenteile, z. B. Wurzeln und Blätter. Diese Teile (z. B. die Blätter) werden von den Tieren gefressen (= **Pflanzenfresser**). Manche

Pflanzenfresser werden wiederum von anderen Tieren gefressen (= **Fleischfresser**). Die Pflanzen- und Fleischfresser ernähren sich also von dem, was Pflanzen hergestellt haben.

Irgendwann sterben die Pflanzen und Tiere. Sie fallen auf die Erde, wo die Arbeit von Abertausenden kleinster Lebewesen beginnt. Der Regenwurm ist unter ihnen ein wahrer Riese. Sie alle zerkleinern und zersetzen, was tot auf dem Boden liegt. Aus diesen Stoffen stellen sie wieder Erde her.

In dieser Erde sind die Nährstoffe enthalten, die die Pflanzen zum Wachsen brauchen. Der Kreislauf im Wald besteht damit aus **Herstellen**, **Verbrauchen** und **Zersetzen** (Produzent, Konsument, Destruent). Übrigens kann man diesen Kreislauf auf der ganzen Erde finden.

Produzenten (herstellen)

Konsumenten (verbrauchen)

Destruenten (zersetzen)

Die Wurzelmännchen

Waldtheater

Inhalt: • Es ist Sommer und Meckerlieschen ist sehr, sehr durstig. Aber da gibt es noch die Wurzelmännchen, die über einen Aufzug im Baumstamm ein Erfrischungstrünkchen schicken können …

Figuren: • Sprecher
- Meckerlieschen
- Karl der Kobold

Wald-Aktionen

- Der Baumaufzug
- Tauziehen
- Wurzelgroß
- Erzählstunde im Koboldnest: „Pfeifer, der Regenwurm"

Lerninhalte

- Stationen im „Netzwerk" Fotosynthese/Assimilation

Benötigte Materialien

Waldtheater: • Poster Nr. 13 „Die Wurzelmännchen"

Wald-Aktionen und Lerninhalte: • Poster Nr. 14 „Nährstofftransport im Baum"
- Poster Nr. 15 „Quer- und Längsschnitt durch einen Baum"

Außerdem: • kleines Eimerchen
- Seil (ca. 5-7 m lang, griffig)
- Mineralwasser mit Kohlensäure
- Waldmeister-Brausepulver
- Trinkhalme

Wenn alle Kinder im Koboldnest versammelt sind, können Sie mit dem Waldtheater beginnen. Heute tauchen keine neuen Figuren in Ihrem Sprechtext auf.

Ihr Sprechtext:

Sprecher:

Viele Wochen vergingen. Nach dem Frühling folgte der Sommer. Die Sonne schien heiß vom Himmel herab und es war ziemlich warm im Wald. Karl der Kobold saß vor seinem Häuschen auf einem schattigen Plätzchen und beobachtete Meckerlieschen. Dem Buchenblatt ging es an diesem Tag nicht sonderlich gut. Schlaff und müde hing es an einem Ast. Auf einmal rief es weinerlich den Baum hinunter ...

Meckerlieschen:

(weinerlich, erschöpft)

... Hallo, ihr Wurzelmännchen da unten, ich habe Durst! Könnt ihr mir etwas zu trinken hochschicken? Ist ganz schön warm hier oben!

Karl der Kobold:

(neugierig fragend)

Du, Lieschen, wie funktioniert denn das nun schon wieder? Wie können diese Wurzelmännchen in der Erde etwas hoch zu den Blättern transportieren?

Meckerlieschen:

(überrascht, etwas eingebildet)

Aber Karl, das müsste doch ein Kobold wie du wissen! Das ist ganz einfach: In dem Baum ist ein Aufzug eingebaut. Mit dem schicken die Wurzelmännchen leckeres kühles Wasser, ein richtiges Erfrischungstrünkchen, von unten nach oben zu uns Blättern. Als Dankeschön sammeln wir in der Zwischenzeit mithilfe unserer grünen Farbe

Sonnenstrahlen. Diese Sonnenstrahlen vermischen wir mit dem Wasser, ... noch eine Prise Atemluft dazu und fertig ist ein herrlicher Blattgrünsaft! Diesen schicken wir wieder den Baum hinunter, sogar bis zu den Wurzelmännchen. Sie brauchen ihn zu den verschiedensten Gelegenheiten, z. B. als Vitaminspender für den Baum, damit er dick und groß werden kann.

Sprecher:

Als das Meckerlieschen sein Trünkchen aus dem Aufzug holte, lag noch ein Zettel dabei, ein Telegramm von den Wurzelmännchen, auf dem geschrieben stand:

> Weniger Sonnenstrahlen - Punkt - Vorratsräume sind voll - Punkt - Wohnungen sind zu trocken - Punkt - befürchten, dass wir verdursten - Punkt und Ende!

Meckerlieschen:

(murmelt gedankenverloren vor sich hin)
Oh ja, das stimmt! Wenn zu viele Sonnenstrahlen in der Erde sind, wird es dort sehr, sehr trocken. Die Wurzelmännchen finden

kein Wasser mehr und dann können sie uns Blättern mit dem Aufzug auch keine Getränke mehr hinaufschicken.

Sprecher:

Das Buchenblatt, das es sich mit seinen Erdfreunden nicht verscherzen wollte, hatte sofort reagiert und den anderen Blättern in dem Baum zugerufen ...

Meckerlieschen:

(immer noch etwas weinerlich, aber inzwischen sehr bestimmt)

... Hallo Nachbarschaft, rückt mal etwas näher zusammen und spendet mir Schatten. Ich soll nicht mehr so viele Sonnenstrahlen nach unten schicken. Die Wurzelmännchen machen bald schlapp, das müssen wir verhindern!

Der Baumaufzug

Bei diesem Spiel können Sie die einzelnen Schritte im Spielverlauf für die Kinder mit Erklärungen aus der im Anschluss gedruckten Spielmoderation ergänzen. Entscheiden Sie selbst – je nach Wissensstand Ihrer Gruppe – inwieweit Sie auf meine Moderation zurückgreifen möchten.

Spielverlauf

Als Erstes zeigen Sie den Kindern Poster Nr. 13, auf dem die Wurzelmännchen Meckerlieschen ein Blättertrünkchen schicken. In Anlehnung an dieses Poster empfinden Sie das Treiben im Baum mit den Kindern spielerisch nach:

Suchen Sie den im Vorwort für dieses Spiel beschriebenen Baum auf (er hat in Reichhöhe einen leicht horizontal verlaufenden Ast). Führen Sie das mitgebrachte Seil über diesen Ast und befestigen Sie daran den Eimer.
Danach das Eimerchen mit Mineralwasser füllen. Diese Konstruktion symbolisiert den Wassertransport im Baum durch den „Baumaufzug". Das Mineralwasser steht im Spiel für das „Blättertrünkchen", d. h. das Wasser mit den verschiedenen Mineralien aus der Erde.

Zwei Kinder, die die Wurzelmännchen spielen dürfen, ziehen langsam und vorsichtig am anderen Ende des Seils, bis das Eimerchen ganz oben am Ast angelangt ist, der die Baumkrone mit den Blättern symbolisiert. Dort sind die Blätter – auch unser Meckerlieschen – damit beschäftigt, mit Hilfe ihrer grünen Blattfarbe Sonnenstrahlen einzusammeln. Diese Strahlen verwandeln sie in Zucker; in jedem Blatt ist dafür eine kleine „Zuckerfabrik" eingebaut.

Stellvertretend für das Prinzip der **Fotosynthese** wird jetzt Brausepulver (löst sich im Vergleich zu Brausewürfeln besser auf, am besten mit Waldmeistergeschmack – ist schön grün und schmeckt lecker!) in das Mineralwasser geschüttet. Die zwei „Wurzelmännchen" lassen den „Baumaufzug" langsam wieder herunter. Dabei wird erklärt, dass sich der Baumsaft in dem Stamm, den Ästen, Blättern und Wurzeln verteilt. So kann der Baum wachsen und gedeihen.

In Wirklichkeit ist natürlich kein Seilaufzug in dem Baum eingebaut, sondern ganz feine Röhrchen, ähnlich wie Strohhalme (allerdings viel länger und dünner, vgl. Lerninhalte).

Trinkhalme werden verteilt und jedes Kind darf von dem köstlichen „Baumsaft" trinken.

Spielmoderation

Die folgenden Absätze eignen sich dazu, den Spielverlauf je nach Bedarf kindgerecht bei verschiedenen Stationen zu erklären (tiefer gehende Informationen s. Lerninhalte):

Aus welchen Teilen besteht ein Baum?

Ganz grob aus Wurzeln, Stamm und Blättern. Und je mehr Blätter so ein Baum hat umso besser! Mit diesen Blättern kann der Baum atmen, Sonnenstrahlen sammeln, Baumsaft herstellen und dadurch wachsen. Übrigens, erst durch die grüne Farbe, das Chlorophyll, werden die Blätter zu richtigen Sonnensammlern. Ähnlich wie das Hämoglobin unser Blut rot macht, färbt das Chlorophyll die Blätter grün.

Und wie funktioniert das?

Die Atemluft von Tieren und Menschen, die Sonnenstrahlen und das Wasser, das aus dem Boden stammt, werden im Blatt so vermischt, dass daraus eine richtige Baummahlzeit entsteht. Da diese Mahlzeit überwiegend aus Zucker hergestellt ist (Fruchtzucker und Traubenzucker), kann man das Blatt auch als eine „solarbetriebene Zuckerfabrik" bezeichnen – genial, oder ...!?

Aber wie gelangt das Wasser aus dem Boden bis in die Blätter eines Baumes?

Das hängt damit zusammen, dass der Baum genauso schwitzt (**Transpiration**) wie wir Menschen. Den Baumschweiß kann man allerdings nicht sehen und riechen (Gott sei Dank?). Er verdunstet über die Blätter in der Luft. Ähnliches geschieht auch mit der Wäsche auf der Leine: Die Feuchtigkeit verdunstet und die Kleider werden trocken. Allerdings wollen Menschen, Tiere und die Blätter nicht austrocknen, denn dann würden sie sterben! Also müssen alle Lebewesen viel, viel trinken. Haben wir Durst, öffnen wir eine Flasche Mineralwasser, fügen vielleicht noch etwas Brausepulver hinzu und fertig ist unser Durstlöscher (... fast wie das Erfrischungstrünkchen beim Mekkerlieschen)!

Und wie löscht das Blatt seinen Durst?

Die Blätter trinken ...

... durch winzig dünne und sehr lange „Strohhalme" im Baumstamm (**Wasserleitsystem**), die das Blatt mit den Wurzeln verbinden. Durch diese „Strohhalme" gelangt mit Mineralien angereichertes Wasser aus der Erde über die Wurzeln in die Zuckerfabrik der Blätter ...

... und stellen dabei Nahrung her!

Der im Blatt hergestellte Baumsaft, bestehend aus Sonne, Luft und Mineralwasser, ist die Nahrung des Baumes. Er fließt über andere Strohhalme wieder zurück in alle Teile eines Baumes. Denn Stamm, Wurzeln, Äste, Rinde, Blätter und Früchte wollen ja wachsen und gedeihen.

Kurzum: Der Baum „isst" Sonnenstrahlen!

**Und wir? – Können wir
Menschen auch Sonnenstrahlen essen?**

Die Antwort ist ganz einfach: Na klar! Denn die Buchecker, der Apfel, das Salatblatt – kurz: alle Pflanzen – bestehen aus Sonnenstrahlen! Sogar die Raubtiere essen Sonnenstrahlen! Der Fuchs, die Katze, der Bussard, sie alle lieben Mäuse. Und die Maus liebt Bucheckern und die Buchecker besteht aus umgewandelten Sonnenstrahlen. Und wie das mit einem kühlen Glas Erdbeermilch funktioniert, ist doch ganz einfach ...

Tauziehen

Bei diesem Spiel kommt es nicht auf Stärke an, sondern auf Geschicklichkeit. Hier können auch die „Schwächeren" siegen!

Suchen Sie mit den Kindern zwei Wurzelstöcke bzw. Baumstümpfe (verbleiben nach Baumfällarbeiten im Waldboden), die in einer Entfernung von etwa 3-4 m zueinander stehen. Sie müssen im Durchmesser mindestens so groß sein, dass ein Kind darauf stehen kann. Dazwischen wird das Seil des Baumaufzuges so auf den Boden gelegt, dass die beiden Enden je auf einem Wurzelstock liegen. (Je länger das Seil ist, desto spannender wird das Spiel!)

Auf jedem Wurzelstock stellt sich jeweils ein Kind auf. Das Seil bleibt so lange auf dem Boden, bis das Spiel beginnt! Auf ein Zeichen hin wird das Seil aufgehoben und angezogen. Ziel ist es, den Gegner von dem Wurzelstock herunterzuziehen. Die Zuschauer stellen sich im Kreis um die Spieler und feuern die „Tauzieher" an. Anfänglich muss der Spieler-Wechsel noch koordiniert werden, aber innerhalb kürzester Zeit können sich die Kinder selbst organisieren und das Spiel wird zum Selbstläufer.

Sollten Sie das Glück haben, das Spiel auf frischen Wurzelstöcken ausführen zu können, versuchen Sie gemeinsam mit den Kindern das Alter des gefällten Baumes anhand der Jahrringzählung zu ermitteln (s. Lerninhalte S. 68).

Wurzelgroß

Wie groß ist eigentlich eine unterirdische Baumwurzel? Es gibt eine Faustregel, die besagt, dass die Wurzel (mit ihren Haarwurzeln) dem Ausmaß der Baumkrone entspricht.

Beim Spiel „Wurzelgroß" bilden die Kinder einen Kreis um einen Baumstamm (je größer der Baum, umso eindrucksvoller das Ergebnis). Jetzt vergrößern die Kinder den Kreis, indem sie ganz langsam rückwärts gehen, bis sie unter dem äußersten Rand der Krone stehen. Der so entstandene Kreis wird in seinem Umfang wohl dem Wurzelwerk des Baumes entsprechen! Für Kinder sehr beeindruckend!

Vielleicht ist in der Nähe ein umgestürzter Baum, dessen Wurzeln aus der Erde ragen? Das ideale „Wurzeluntersuchungsobjekt"!

Erzählstunde im Koboldnest

Zu dieser Szene passt hervorragend die Geschichte „Pfeifer, der Regenwurm", in der die Kinder erfahren, wie aus altem Laub oder pflanzlichen Über-
resten neue, fruchtbare Erde entstehen kann. Sie
finden sie in dem Buch „Förster Bodos Märchenwelt" auf Seite 79 (s. Literaturangabe).

Stationen im Netzwerk Fotosynthese

Das älteste und trotzdem modernste Kraftwerk der Welt ist ein Wald voller Bäume. Denn was der Wald täglich an Energieleistung aufbringt, ist unglaublich! Wagen Sie in dem Kapitel „Lerninhalte" diesmal eine Reise durch das biologische Wunderwerk der Fotosynthese und lernen Sie dabei die wichtigsten Wachstumsbestandteile eines Baumes kennen.

Der **Baum** – wie auch der **Strauch** – ist eine langlebige Pflanze. Sie besitzt ein stark verholztes, starres und hartes Gewebe. Solche Holzgewächse benötigen, um wachsen zu können, drei Organe: die **Sprosssysteme** (Stämme und Äste), die **Blätter** und die **Wurzeln**.

Der Unterschied zwischen einem Baum und einem Strauch liegt jedoch darin, dass Bäume zu einem enormen Höhenwachstum fähig sind, anders als die Sträucher, die sich schon direkt über dem Boden verzweigen und vielstämmig sind.

Unter der Erde – die Wurzeln

Je nach Baumart gibt es sehr unterschiedliche Wurzelformen: herzförmige wie bei der Buche, der Birke oder der Lärche, flach wie die der Fichte oder tief in die Erde ragend wie bei der Eiche, der Tanne oder der Kiefer.

Im **Flachwurzelsystem** herrschen horizontal durch den Oberflächenboden verlaufende Wurzeln vor. Von ihnen wachsen feine Wurzelfäden senkrecht nach unten in den Boden.

Bei einem **Pfahlwurzelsystem** wächst eine Hauptwurzel senkrecht in den Boden. Sie beherrscht das gesamte Wurzelsystem.

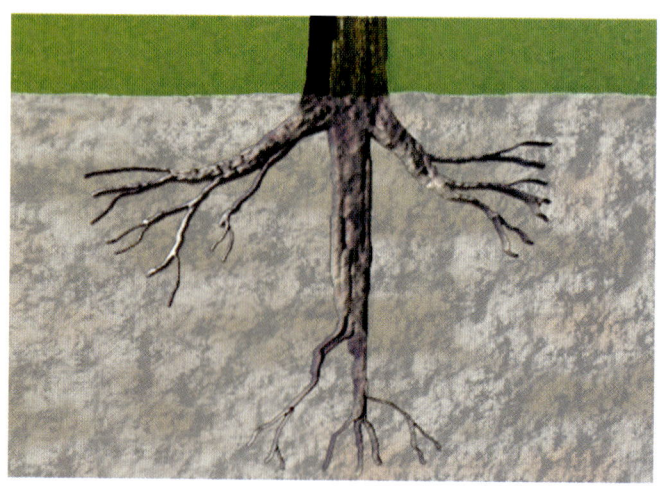

Bei einer typischen **Herzwurzel** wachsen mehrere gleich starke Wurzeln bogenförmig in die Erde.

Das Wurzelsystem eines Baumes dient einerseits zur **Verankerung** dieser Riesenpflanze in der Erde. Die Wurzeln wachsen im Boden etwa so weit, wie die Äste des Baumes sich über der Erde ausbreiten. Sind die Wurzeln in ihrer Entwicklung gehemmt, zeigt sich dies meist auch in der Krone.

Eine andere Aufgabe der Wurzeln ist die der **Speicherung von Nährstoffen** in den dickeren Wurzelteilen.

Die vielleicht wichtigste Aufgabe des Wurzelwerks ist aber, Wasser und darin gelöste Nährsalze aufzunehmen. Diese **Wasseraufnahme** aus der Erde geschieht durch ganz feine Haarwurzeln und Pilzfäden, die diese Haarwurzeln umspinnen.

Der Baumstamm – Säule des Baumes

Bäume haben in der Regel einen einzigen Hochstamm, der hoch oben über dem Boden eine Astkrone trägt. Eine Buche kann unter guten Bedingungen über 40 m hoch wachsen, ein Eukalyptusbaum in Australien wird sogar über 100 m hoch. **Bäume sind somit die höchsten Lebewesen auf unserer Erde.**

Diese großen Höhen sind für Bäume auch von besonderer Bedeutung: Sie verschaffen ihnen Vorteile im Kampf ums Licht, einem der wichtigsten Konkurrenzfaktoren im Zusammenleben der Pflanzen. Hier gilt das Naturgesetz „Der Höhere überlebt"! Bäume sind – so könnte man sagen – im Sammeln von Licht in Form von Sonnenenergie besonders „erfolgreich". Über 80 % der einfallenden Sonnenstrahlen werden von Bäumen verwertet und umgewandelt.

Wassertransport ohne Muskelkraft

Wie erwähnt geschieht die Wasseraufnahme aus der Erde durch die Wurzeln eines Baumes. Lei-

tungsbahnen im Stamm befördern es danach weiter. Vereinfacht muss man sich diese Leitungsbahnen wie sehr dünne, ineinander gesteckte Strohhalme vorstellen, die von den Wurzeln über den Stamm und die Äste bis in die Spitzen der Blätter reichen. Es besteht also eine direkte Verbindung von unten nach oben, durch die das Wasser fließt, genauer gesagt steigt. Diese Verbindung kann je nach Größe des Baumes über 100 m lang sein.

Die Geschwindigkeit, mit der das Wasser nach oben steigt, schwankt zwischen 1 m pro Stunde bei der Buche und 43 m pro Stunde bei der Eiche und hängt außerdem von der Jahreszeit und Witterung ab. 60 % des Niederschlages, der über einem Buchenwald herabregnet, wird über diese Leitungsbahnen in den Bäumen wieder an die Atmosphäre abgegeben.

Verantwortlich für diese enorme Leistung ist die Verdunstung von Wasser in den Blättern, die **Transpiration**. Alle Teile eines Baumes, auch wenn es vielleicht nicht so aussieht, sind vollgetränkt mit Wasser. Der Beweis ist der austretende Saft, wenn man z. B. einen Apfel isst bzw. entsaftet. Selbst in den dünnen Blättern ist viel Wasser enthalten. Dieser Wassergehalt ist sogar noch bedeutend höher als der der Luft!

Das Wasser steigt immer vom feuchten Teil einer Pflanze in den trockenen Teil. Ein Experiment mit einem nassen Handtuch verdeutlicht dies: Legen wir einen Teil eines Handtuchs in eine mit Wasser gefüllte Schüssel, hängen den anderen Teil des Handtuchs aber an einer Leine auf, so würde innerhalb kurzer Zeit das Wasser aus der Schüssel zum trockenen Handtuchteil auf der Leine aufsteigen und an der Luft verdunsten. Bald wäre die Schüssel leer!

Ähnliches passiert in der Pflanze: Das Blatt gibt durch die Verdunstung viel Wasser an die Luft ab. Dadurch entsteht im Blatt eine Saugkraft, die neues Wasser über einen zusammenhängenden „Faden", der sich in den Leitungsbahnen befindet, Leitungsbahnen, aus den Wurzeln nachsaugt.
Das bedeutet, dass der Feuchtigkeitsunterschied zwischen den Blatt und seiner Umgebung (Luft) für den Transpirationsstrom in der Pflanze verantwortlich ist. Dieser Feuchtigkeitsunterschied wird durch die Temperatur, d. h. die Sonnenenergie, gesteuert. Die Energie, die der Baum selbst für das Hochpumpen des Baumsaftes aufbringen muss, ist dadurch eigentlich relativ gering.

Welcher Teil im Baumstamm, welches Baumorgan, nun eigentlich dafür verantwortlich ist, dass Flüssigkeit im Baum wandern kann zeigt ein Längsschnitt durch den Baumstamm.

Anmerkung des Autors:
Auf die Beschreibung der anderen Ursachen für den Wasseraufstieg wie Wurzeldruck und osmotische Kräfte wird in diesem Rahmen bewusst verzichtet.

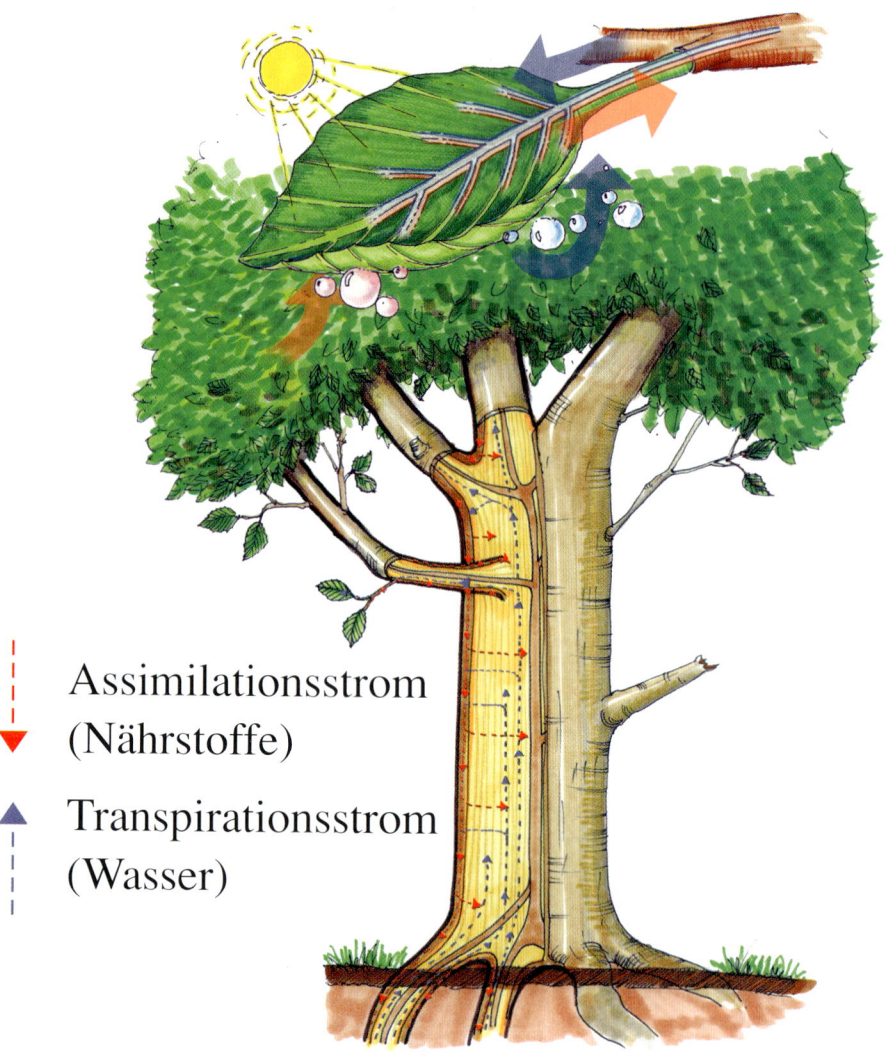

Assimilationsstrom
(Nährstoffe)

Transpirationsstrom
(Wasser)

Von außen nach innen – der Baum im Querschnitt

Wenn man den Baumstamm mit einer Säge quer durchschneidet, stellt man fest, dass er ähnlich wie eine Zwiebel aus verschiedenen Ringen besteht:

Die Rinde – Haut des Baumes

So wie wir Menschen nach außen durch unsere Haut geschützt sind, hat der Baum eine besondere Haut: die **Rinde**. Sie besteht aus zwei Schichten: Innen ist der **Bast**, der wie das Holz aus vielen ineinander gesteckten Leitungen besteht. Nur haben die Bastleitungen im Innern kleine Siebe, weshalb man sie auch Siebröhren nennt. Sie haben die Aufgabe, die Assimilate (zuckerhaltiger Baumstaft) von den Blättern abwärts zu den Teilen zu transportieren, wo der Baum wächst und gerade Nahrungssstoffe benötigt, d. h. Stamm, Wurzeln, Blätter und Früchte.

Die äußerste Schicht der Rinde bildet die **Borke**. Sie dient als Schutzschicht. Dadurch dass der Baum in die Dicke wächst, wird die Borke gespannt und zerreißt. Diese Risse ergeben die für die einzelnen Baumarten typischen Rindenbilder. Manche Bäume haben eher eine glatte Rinde, wie z. B. die Buche, andere wie die Eiche haben eine eher rauhe Borke. Besonders deutlich kann man dies bei ganz alten Bäumen erkennen und erfühlen.

Die Rinde beschützt den Teil des Baumes, der für das Dickenwachstum verantwortlich ist: das Kambium.

Das Kambium – Wachstum in die Dicke

Das **Kambium** ist eine mikroskopisch dünne Schicht, die zwischen Rinde und Holz liegt und in allen Teilen des Baumes vorkommt: im Stamm, in den Ästen, den Zweigen und den Wurzeln.

Im Kambium werden alle die Zellen gebildet, durch die der Baum in die Dicke wachsen kann, d. h. nach innen bildet das Kambium das Holz, nach außen ist es für die Rindenbildung verantwortlich.

Holz – ein „starker" Leiter

Der Teil, der innerhalb des Kambiums liegt, besteht aus Leitungsbahnen, in denen das Wasser mit den Mineralien von den Wurzeln zu den Blättern aufsteigt. Die Leitungsbahnen sind verholzt, damit der Baum die notwendige Festigkeit erhält, um in die Höhe zu wachsen. Das Holz, das im Sägewerk verarbeitet wird, besteht also – sehr vereinfacht ausgedrückt – aus einer großen Anzahl sehr stabiler, winzig kleiner, ineinander gesteckter Wasserleitungen.

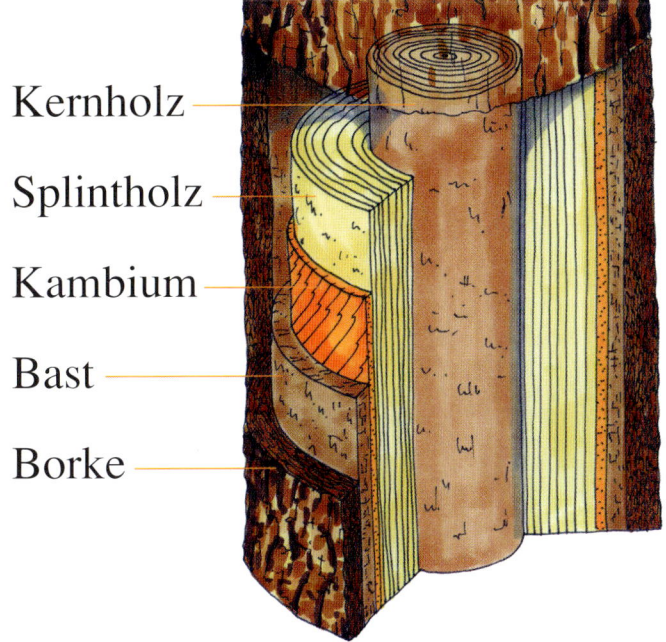

Kernholz
Splintholz
Kambium
Bast
Borke

Wird der Baum dicker, leitet nur noch der äußere Holzteil, der am Kambium liegt, Wasser zu den Blättern hinauf. Diesen Wasser leitenden Holzteil nennt man Splint oder auch **Splintholz**. Der innere Kern des Stammes, auch **Kernholz**, besteht aus toten Zellen und ist nicht mehr wasserleitfähig. In ihm werden spezielle Gerbstoffe eingelagert, die diesen Teil vor der Zersetzung durch Pilze und Bakterien schützen. Bei manchen Bäumen ist dieser Kern dunkler als der ihn umgebende Splint (Eiche), bei anderen Bäumen ist er gleichfarbig (Buche).

Fazit:
Das Splintholz leitet im Innern des Baumes Wasser von den Wurzeln unter der Erde nach oben. Der Bast leitet in der Rinde des Baumes Assimilate von den Blättern weiter nach unten, und zwar immer dorthin, wo der Baum Nährstoffe benötigt.

Jahrringe – „Sag mir, wie alt du bist!"

Je nach Jahreszeit haben Kambium und Bast besonders viel oder eher wenig Arbeit: Im Frühjahr zur Hauptwachstumszeit haben die Bäume einen enormen Wachstumsbedarf, d. h. die Wasserleitungen müssen besonders dick sein. Im Sommer, wenn der Baum nicht mehr so stark wächst, werden die Leitungsbahnen allmählich dünner, bis sie im Herbst ihren geringsten Durchmesser erreichen, denn im Winter wächst der Baum nicht. Wenn dann im nächsten Frühjahr das Dickenwachstum des Baumes erneut beginnt, werden wieder große Leitungsbahnen gebildet. Dieser Sprung ist mit dem

Auge gut sichtbar als Jahrring zu erkennen. Aus der **Anzahl der Jahrringe** kann man deshalb das **Alter** eines Baumes bestimmen.

Aus der **Breite der Jahrringe** dagegen kann man ersehen, unter welchen **Lebensbedingungen** der Baum gewachsen ist: Ein breiter Jahrring sagt aus, dass in diesem Wachstumsjahr optimale Lichtverhältnisse geherrscht haben, es z. B. warm und feucht war. Ein enger, schmaler Ring lässt darauf schließen, dass der Baum hier unter schlechten Bedingungen gewachsen ist. Es war vielleicht trocken, heiß und/oder schattig.

Die Blätter – Miniatur-Energiefabriken

Jeder hat schon am eigenen Leib erfahren, dass Sonnenstrahlen Energie enthalten: Wenn man friert, stellt man sich nicht in den kühlenden Schatten, sondern in die wärmende Sonne – logisch!

Ein Wunderwerk der Natur – die Fotosynthese

Diese Lichtenergie aus den Sonnenstrahlen können Pflanzen mit ihren Blättern in chemische Energie umwandeln. Die so entstandene Energie wird zur Nährstoffherstellung (Assimilation) in den Pflanzen benötigt. Bei diesem Vorgang produzieren die Blätter aus dem Wasser des Waldbodens und dem Kohlendioxid der Luft mithilfe der Sonnenenergie Traubenzucker und Stärke (**Assimilate**). Als Abfallprodukt dieses Prozesses entsteht so ganz nebenbei **Sauerstoff**.

Kernholz

Splintholz

Kambium

Bast

Borke

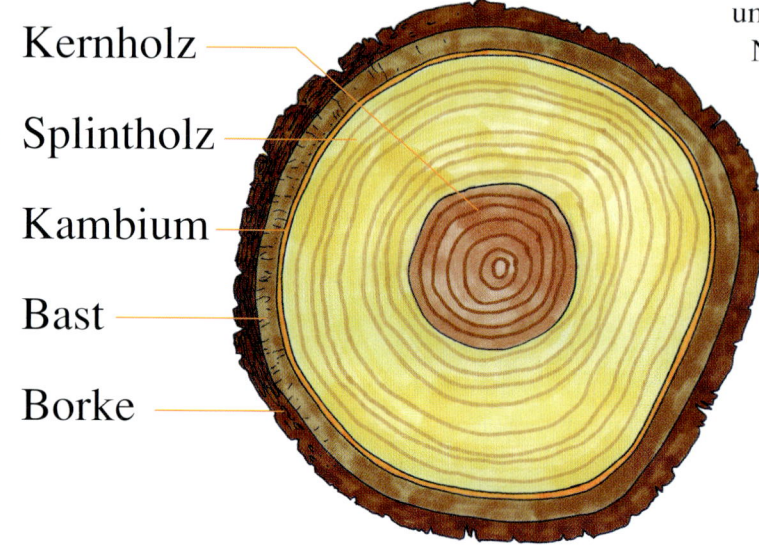

Diesen komplexen Umwandlungsprozess nennt man Fotosynthese.
Als chemische Formel ausgedrückt, lautet er:

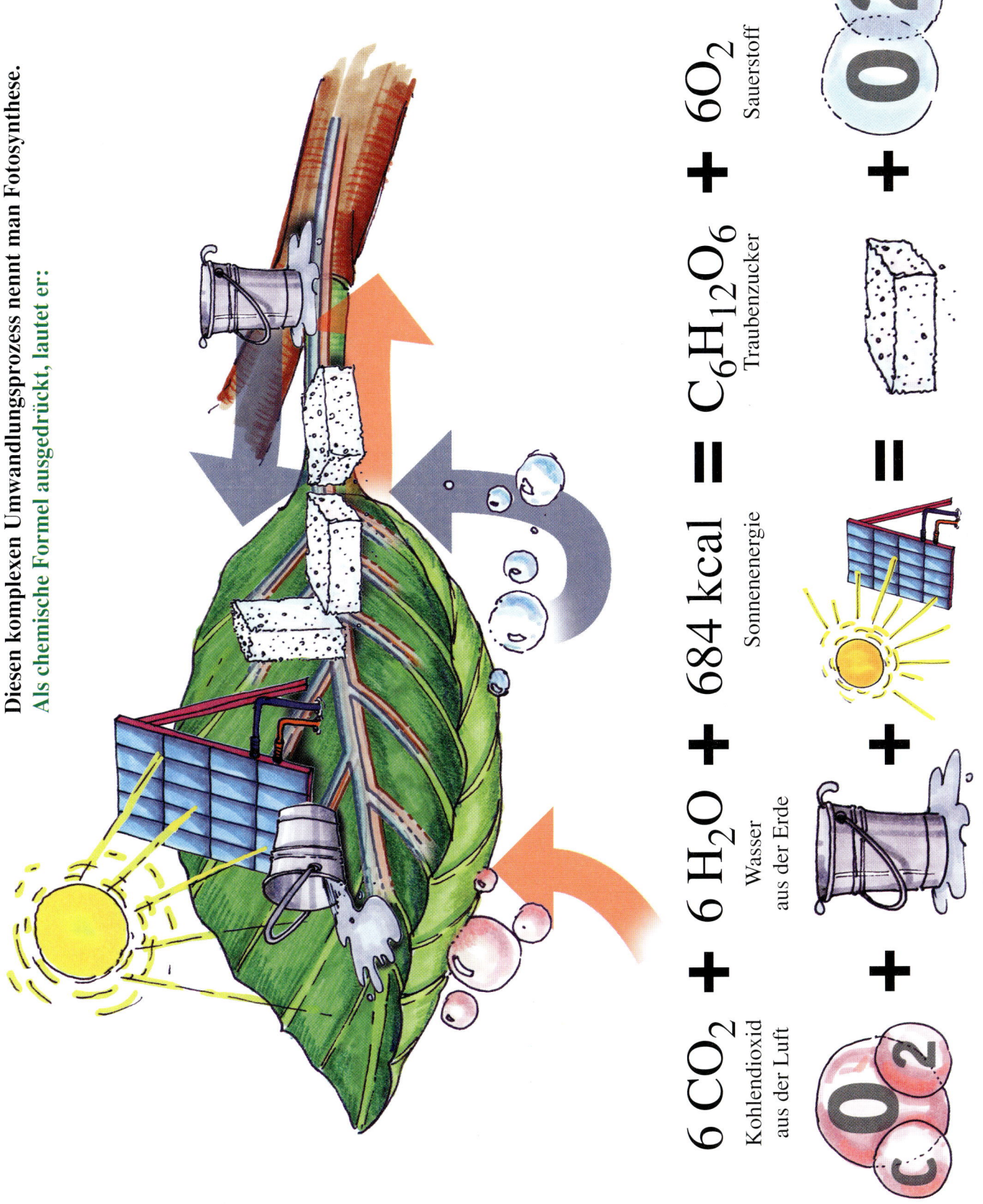

$$6\,CO_2 + 6\,H_2O + 684\,kcal = C_6H_{12}O_6 + 6\,O_2$$

Kohlendioxid aus der Luft   Wasser aus der Erde   Sonnenenergie   Traubenzucker   Sauerstoff

Für ganz Wissbegierige!
Durch Versuche ist festgestellt worden, dass der Sauerstoff, den der Baum ausatmet, nachdem er Traubenzucker und Stärke bei der Assimilation hergestellt hat, **aus dem Erdwasser und nicht aus der Luft stammt!**

Geht uns nicht irgendwann die Luft aus?

Bei der Assimilation im Blatt wird also Kohlendioxid (CO_2) benötigt, ein wichtiger Bestandteil der Luft. Man könnte jetzt argwöhnen, ob es irgendwann vielleicht zu wenig Luft zum Atmen gibt.

Aber keine Angst, das Leben selbst sorgt für eine ständige Rückbildung von Kohlendioxid. Während nämlich die Pflanzen das Kohlendioxid aus der Luft benötigen und dafür Sauerstoff abgeben, atmen wir Menschen und die Tiere den Sauerstoff ein, um leben zu können.
Zusätzlich benötigen wir Nahrung, die wir zu körpereigenen Nährstoffen umwandeln. Bei dieser Umwandlung (Verbrennung) wird wiederum CO_2 freigesetzt (ausgeatmet), das die „Pflanze" benötigt. Wir „veratmen" also wieder den zuvor gebildeten Traubenzucker und die Stärke. Das Atmen ist damit nichts weiter als eine „Assimilation im Rückwärtsgang"! Der Luftverbrauch von Menschen, Tieren und Pflanzen hält sich die Waage.

Wenn man jetzt noch bedenkt,
• dass in einer Handvoll Waldboden mehr Lebewesen (z. B. Mikroorganismen) existieren, als es Menschen auf der Erde gibt,
• dass auch solche Kleinstlebewesen wie Bakterien und Pilze atmen müssen,
• dass die Mikroorganismen tote Pflanzen und Tiere wieder so umwandeln, dass daraus fruchtbarer Mutterboden (Komposthaufen!) entsteht, ...

... und wenn man dann noch weiß,
• dass die Pflanzen die Nährstoffe aus dem Mutterboden wieder über die Wurzeln zu den Blättern transportieren, um dort mit Hilfe von Luft und Sonne wieder Zucker und Stärke herzustellen, um wachsen zu können, ... (s. Poster 11 „Nahrungskreislauf im Waldgefüge")

... dann hat man das Prinzip des Lebens auf der Erde verstanden, ohne ein Wissenschaftler zu sein.

Anmerkung des Autors:
Hier geht es um die vereinfachte Darstellung des Kohlenstoff-Kreislaufes, eines der wichtigsten Kreisläufe der Natur. Auf die Umweltproblematik des steigenden CO_2-Gehaltes in der Atmosphäre durch die Verarbeitung fossiler Brennstoffe wie Öl, Gas und Kohle ist bewusst verzichtet worden.

Kaum zu glauben: Die Fotosynthese ist der größte Energiespeicher der Erde!

Schon seit 400 Millionen Jahren bilden die Pflanzen aus Wasser und Luft mithilfe von Sonnenenergie Zucker und Stärke. Seit über 400 Millionen Jahren werden also Sonnenstrahlen aufgefangen, umgewandelt und gespeichert: in den Blättern, im Holz, in Früchten wie Bucheckern, im Apfel, im Gras, einfach überall, wo es grünt. Auch Kohle, Erdgas und Erdöl sind Energiespeicher, die vor Jahrmillionen durch Sonnenenergie entstanden sind.

Wenn man überlegt, dass auch Mensch und Tier diese Energie für sich nutzen, indem sie beispielsweise Pflanzen essen, wird schnell klar, dass ...

... die Fotosynthese die größte Energiespeicherung auf der Erde darstellt. Von ihr hängt alles Leben ab!

Meckerlieschen
trifft das Igelblatt

Waldtheater

Inhalt:
- Diesmal lernt Meckerlieschen ein ganz seltsames Wesen kennen: ein Blatt mit Stacheln – ein Igelblatt! Das Igelblatt ist in Wirklichkeit natürlich eine Buchecker. Und obwohl das Igelblatt einen ziemlich eingebildeten Eindruck macht, schließen Meckerlieschen und Buchecker zum Schluss dicke Freundschaft.

Figuren:
- Sprecher, Meckerlieschen, Karl der Kobold, Igelblatt (später Nüsschen)

Wald-Aktionen

- Bucheckertheater – Nachspielen der Szene
- Früchteolympiade
- Eichhörnchenspiel
- Vom Bäumchen zum Baum
- Buchenmemory
- Ein Waldbild entsteht
- Erzählstunde im Koboldnest: „Der mutige Flieger"

Lerninhalte

- Samen und Früchte – ein verborgener Unterschied
- Trocken oder saftig? Fruchtarten
- Nackt oder bedeckt? Samenarten
- Bäume können „wandern"

Benötigte Materialien

Waldtheater:
- Poster Nr. 16 „Meckerlieschen und Igelblatt" Poster Nr. 17 „Das Igelblatt verwandelt sich" Poster Nr. 18 „Meckerlieschen deckt das Nüsschen zu"

Wald-Aktionen und Lerninhalte:
- dunkler, wischfester Filzstift
- verschiedene Früchte oder Nüsse gemäß Jahreszeit (Hasel- oder Walnüsse, Kastanien, Äpfel, Kirschen, Birnen, Eicheln, Bucheckern ...)
- weißes Leintuch
- Poster Nr. 19 „Von der Blüte zur Frucht"
- Poster Nr. 20 „Früchte verschiedener Waldbäume"

Heute stellen Sie den Kindern eine letzte Hauptfigur im Waldtheater vor: eine Buchecker, die für Meckerlieschen natürlich zuerst etwas seltsam aussieht, wie ein Igelblatt nämlich. Dieses seltsame Wesen sieht nicht nur eigentümlich aus, sondern auch seine Stimme lässt aufhorchen. Lassen Sie das Igelblatt mit einer hohen, etwas träge, aber vor allem vornehm klingenden Stimme sprechen.

Ihr Sprechtext:

Sprecher:

In den nächsten Tagen und Wochen passierte nichts Aufregendes mehr in der Baumkrone. Es gab Regen, es gab Sonnenschein. Das Meckerlieschen hatte noch so manchen Ärger mit den Raupen, die immer unverschämter wurden. Aber trotz der vielen Löcher in seinem Kleidchen war es immer noch ein beliebter Ausruhplatz für andere Tiere. Eines Tages, es war schon später Sommer, stutzte das Blättchen und pfiff leise durch die Zähne. Es hatte etwas Sonderbares entdeckt ...

Meckerlieschen:
(pfeift, ist überrascht, neugierig)
Olala, wer ist denn das? Was sehen meine sonnengeblendeten Augen? So ein sonderba-res Geschöpf habe ich noch nie zuvor gesehen. Du bist ja voller Stacheln! ... Oje, oje, ein Igelblatt!

Sprecher:

Tatsächlich, in der Nähe wuchs etwas Ungewöhnliches aus dem Zweig: es sah kugelig aus, mit vielen weichen Spitzen, fast wie ein Igel. Und dieses Igelblatt antwortete auch sofort mit sehr hoher Stimme. Dabei betonte es jedes „I" wie ein „Ü". Anscheinend wollte es etwas vornehmer klingen.

Igelblatt:

(vornehm, gelangweilt, Mund gespitzt, spricht „I" wie „Ü")

Entschuldügung, dass üch Süe korrügüere. Darf üch müch vorstellen? Üch bün Frau Buchecker! Wenn Ühnen meün Aussehen nücht gefällt, dann können Süe ja wegsehen. Schon bald werden Süe jedoch erleben, zu welchen Heldentaten üch fähüg bün!

Sprecher:

Und damit war das Gespräch zwischen den beiden zumindest vorläufig beendet.

Langsam ging der Sommer zu Ende. Es wurde kühler, der Wind wehte stärker, der Herbst kam. Igelblatt und Meckerlieschen, die inzwischen richtig Freundschaft geschlossen hatten, zogen ihre bunten Herbstkleider an. Auch Karl der Kobold bereitete sich auf die kalte Jahreszeit vor: Er fing an, seine sieben Sachen in dem Baumhäuschen einzupacken. Denn im Winter lebte er immer unterirdisch bei seinem Freund, dem Heinzelmann Pit. Ihr glaubt ja nicht, wie gemütlich es in solch einer Heinzelmann-Höhle sein kann.

Eines Tages, als es schon ziemlich kühl war, sprach die Buchecker voller Stolz zu ihrem Blattfreund.

Igelblatt:

(sehr stolz, erwartungsfroh und bedeutungsvoll, den Mund zu einem „Ü" gespitzt)

Jetzt güb Acht! Nun werde üch dür meün größtes Kunstück vorführen: Eünen Abenteuerflug durch düe Lüfte. Üch werde flüegen wüe eüne Schwalbe und ferne Länder und Meere erobern. Üch sage dür jetzt Lebewohl und Auf Wüedersehen!

Sprecher:

Das Igelblatt holte mehrmals tief Luft. Die Buchecker-Igelschale platzte auseinander und heraus kam ein spitzes kantiges Nüsschen. Dessen Mut war allerdings lange nicht

so groß. Es schaute über den Rand seiner Schale, hinein in die tiefe Unendlichkeit.

Igelblatt /(-nüsschen):
(leise, zaghaft)
Üjüjüjüü!

Sprecher:
Der Wind schüttelte es kurz und kräftig.

Igelblatt/(-nüsschen):
(schreit laut, verschwindet danach in der Tiefe)
Hülfe, hülfe, üch flüge!

Sprecher:
Nun war das inzwischen braun gefärbte Meckerlieschen müde und allein. Es hatte kaum noch Kraft, sich an seinem Zweig fest-zuhalten. Von irgendwo weit weg hörte es eine bekannte Stimme:

Igelblatt/(-nüsschen):
(erschöpft)
Mür üst kalt, üch früere! Üst denn nümand da, der müch zudecken kann?

Sprecher:
Und dann ließ das Blatt sich los. Vom Wind getrieben segelte es durch die Luft. Dabei hielt es ständig Ausschau nach seinem Igelblattnüsschen. Denn, ihr müsst wissen: Freunde lassen sich niemals im Stich!
Die Erde und die Baumwurzeln kamen immer näher. Und da entdeckte das Mecker-lieschen seine Buchecker. Sie lag zwischen zwei Erdkrümeln und zitterte ganz erbärm-lich. Das Blatt legte sich sanft darüber und deckte sie zu, schön mollig warm, wie bei euch zu Hause unter eurer Bettdecke.

Igelblatt/(-nüsschen):
(kuschelig, fast schon etwas verliebt)
Bün üch glücklüch, dass du beü mür büst!

Sprecher:

Man hörte die beiden noch eine Weile flüstern, dann kam der Winter mit Eis und Schnee. Und was glaubt ihr, was im nächsten Jahr aus unserer Buchecker wurde?

(Sprecher lüftet das rote Tuch und lässt die Kinder das Buchenbäumchen darunter bewundern)

Und in unmittelbarer Nähe saß Karl der Kobold. Auch er freute sich über das junge Bäumchen.

Karl der Kobold:

(ernst und gewissenhaft, er ahmt mit spitzem Mund das Igelblatt nach, zeigt auf den Buchensämling)

Und üch verspreche euch, so wahr üch Karl der Kobold bün, dass üch es beschützen werde. Bestümmt könnt ühr mür dabeü helfen und vülleücht, müt etwas Glück, würd daraus eün rüchtüg dücker Buchenbaum und dü Geschüchte fängt wüder von vorne an ...

Bucheckertheater – Nachspielen der Szene

Nachdem die Szene vorgespielt wurde, können die Kinder sie sehr gut nachspielen. Dazu benötigt man eine Buchecker, eine weit aufgeplatzte Bucheckerhülse und ein Buchenblatt: Die Bucheckerhülse stecken die Kinder auf den Zeigefinger. Sie soll einen Hut darstellen. Auf die Fingerkuppe malen sie mit Filzschreiber Augen, Nase und Mund – fertig ist das vornehme Bucheckerpüppchen! Wird dem Buchenblatt auch noch ein Gesicht gemalt, ist auch Meckerlieschen fertig! Allein, zu zweit oder in Kleingruppen kann diese Szene frei nachgespielt werden. Es macht viel Spaß, die vornehme Sprechweise des Igelblattes nachzuahmen.

Früchteolympiade

Gemäß des spannenden Themas „Früchte und Samen", das wir uns für diese Einheit gesetzt haben, sammeln die Kinder zunächst unterschiedliche Baumfrüchte, nach Jahreszeit z. B. Bucheckern, Eicheln, Kastanien, je nachdem, was gerade vor Ort vorhanden ist. Auch Fichtenzapfen sind geeignet. Eventuell können Sie dieses „Sammelsurium" noch durch gekaufte einheimische Früchte und Samen, z. B. Haselnüsse, Walnüsse, Kirschen, Äpfel usw., ergänzen. Mit den verschiedenen Früchten und Samen können Sie nun eine „Früchteolympiade" veranstalten. Ob am Ende Sieger gekürt werden oder nur spaßeshalber „gefightet" wird, ist unerheblich. In erster Linie geht es darum, sich spielerisch mit dem Thema „Baumfrüchte und Samen" auseinander zu setzen. Es gibt nämlich viel Spannen-

des dazu zu erzählen ... (s. Lerninhalte). Hier einige Spielbeispiele:

Zielwerfen

Zuerst legen die Kinder am Waldboden eine Linie fest, die nicht überschritten werden darf. Von dieser Linie aus werden in verschiedenen Abständen unterschiedlich große Löcher in die Erde gegraben: für die Buchecker kleine, nahe gelegene, für die Eicheln weiter entfernte und größere, für die Kastanien noch weitere und noch größere usw. Der Abstand und die Größe richten sich auch nach dem Alter und der Geschicklichkeit der Kinder. Welchem Kind gelingt es, eine bestimmte Anzahl unterschiedlicher Früchte in die richtigen Löcher zu werfen?

Zapfenlaufen

Vielleicht liegen in der Nähe einige Fichten- oder Kiefernzapfen auf der Erde. Diese gehören zwar nicht zu den Waldfrüchten, sondern sind Samenstände, aber sie eignen sich zum „Eierlaufen mit Zapfen".

Alle nehmen sich eine kleine Astgabel und einen Zapfen. Nachdem der Zapfen ausgiebig untersucht wurde, wird er auf die Astgabel gelegt. Start und Ziel werden markiert. Wer hat am schnellsten das Ziel erreicht, ohne dass der Zapfen herunterfällt oder mit den Fingern festgehalten werden muss? Fällt er auf den Boden, darf er nur mithilfe der Astgabel wieder aufgehoben werden.

Kirschkernweitspucken

Braucht man dieses Spiel noch zu erklären?

Schätz einmal!

Wie viele Bucheckern, Eicheln oder Haselnüsse halte ich in meiner Hand? Nachdem alle geschätzt haben, wird gemeinsam gezählt.

Nach Spielende setzen sich alle wieder ins Koboldnest und lassen sich die Früchte schmecken. (Natürlich nur die Essbaren!) Dabei können dann „gezielt-zufällig" einige Fragen auftauchen: Wo ist die Fruchtschale bei der Kirsche, bei der Haselnuss, bei der Walnuss? Wie ist das eigentlich beim Apfel oder bei einem Fichtenzapfen? (vgl. dazu Lerninhalte)

Eichhörnchenspiel

Bei diesem Spiel geht es um folgende Themenschwerpunkte: „Wie unterstützen einige Tiere die Bäume bei der Verbreitung ihrer Samen?" und „Welche Methode entwickelt das Eichhörnchen, den Winter zu überleben?"

Spielvorbereitung: Vorräte sammeln

Jedes Kind sucht sich 15 Eicheln oder Bucheckern. In der Rolle des Eichhörnchens hat das Kind damit seinen Wintervorrat gesammelt, den es jetzt an einer geheimen Stelle verstecken muss. Die Verstecke sollen so gewählt werden, dass sie von anderen Tieren (Mäusen/Eichhörnchen – in unserem Spiel von den anderen Kindern) nicht entdeckt werden, man selbst sie jedoch schnell wieder findet. Ein einziges großes Versteck kann leicht geplündert werden, viele kleine Verstecke sind zwar eher diebstahlsicher, dafür aber auch suchaufwändiger. Hier soll jedes Kind seine eigene Strategie entwickeln.

Sie können aber auch zur Spielregel machen, dass nicht mehr als drei Teile in ein Versteck gelegt werden dürfen. Da ein Eichhörnchen keinen Winterschlaf macht, sondern nur eine Winterruhe hält,

sucht es also in regelmäßigen Abständen seine Verstecke auf, um etwas Fressbares zu entnehmen. Nach diesen Vorgaben kann das Spiel beginnen.

Spielverlauf: Eichhörnchen im Winter

Es ist November, der erste Schnee fällt, das Eichhörnchen sucht sich eine Nuss. (Diese Nuss wird bei dem Spielleiter abgegeben.) Im Dezember sucht das Eichhörnchen zwei Nüsse, es ist bisher ein milder Winter. (Auch diese Nüsse wieder abgeben.) Aber im Januar herrscht Eiseskälte: Vier Nüsse werden gesucht. (Wieder beim Spielleiter abgeben!) Im Februar, zur Paarungszeit, hat sich das Wetter noch verschlimmert: fünf Nüsse. Endlich, im März wird es wärmer: Eine Nuss noch und der Winter ist überstanden!

Abschlussdiskussion:

Haben alle Kinder die entsprechende Anzahl von Nüssen abgegeben? Was passiert mit dem Eichhörnchen, das keine Nuss mehr gefunden hat? Vielleicht hat es seine Nüsse zu gut versteckt oder der Nachbar hat sie stibitzt? Und was passiert eigentlich mit Nüssen, die nicht gefunden bzw. benötigt wurden ...?

Tipp:
Um das Ziel des Spiels zu erreichen, ist es bei älteren und/oder besonders „cleveren" Kindern ratsam, waldfremde Früchte und Samen, wie z. B. getrocknete Erbsen, Bohnen, Haselnüsse o. Ä., zu verteilen. So kann aus dem ständigen „Fundus" des Waldes nichts „nachgeholt" werden.

Vom Nüsschen zum Baum

Die Kinder suchen sich eine Buchecker und stellen sich vor, sie wären das Igelblattnüsschen aus der Geschichte. Der Spielleiter erzählt eine kurze Geschichte und die „Bucheckerkinder" spielen mit Bewegungen die Geschichte nach. Die Buchecker behalten sie die ganze Zeit in der Hand.

Sprechtext für den Waldpädagogen:	**Möglichkeiten für die pantomimische Darstellung:**
Stell dir vor, du hängst hoch oben an dem Zweig eines Buchenbaumes. Der Herbstwind bläst und schaukelt dich hin und her.	Arme in die Höhe strecken und sich hin- und herwiegen.
Der Wind wird so stark, dass du aus deiner Igelschale herausgeschüttelt wirst und auf den Waldboden plumpst.	Sich auf den Boden fallen lassen.
Meckerlieschen und viele andere Blätter fallen vom Baum oder werden vom Wind herangeweht. Sie bedecken dich und schützen dich so vor Eis und Schnee.	Spielleiter bestreut die Kinder mit Laub.
Außerdem bist du unter dem Laub besser vor so manchem Tier geschützt (z. B. Eichhörnchen, Buchfink, Wildschwein), das dich gern verspeisen würde.	Ganz eng zusammenkauern.
So verschläfst du den ganzen Winter, bis dich im Frühling die ersten Sonnenstrahlen aufwecken und wärmen.	Noch in der Hocke sich räkeln und strecken.
Aus der Buchecker wächst langsam eine kleine Wurzel in den Boden	In der Hocke die Füße hin- und herbewegen, damit sie etwas tiefer und fester in der Erde stehen.
Es wird wärmer. Du öffnest deine Nussschale und zwei kleine Blätter zwängen sich hinaus.	Die Arme langsam ausbreiten und sich von der Nussschale befreien.
Im Laufe des Jahres wächst du (Bäumchen) und wirst größer und größer.	Sich langsam aufrichten und die Arme ausbreiten.

Wenn die Sonne scheint, streckst du ihr die Blätter entgegen.	Arme nach oben strecken.
Regnet es, hängen deine Blätter schwer nach unten.	Arme nach unten hängen lassen.
Der Wind weht dich hin und her, aber mit deinen Wurzeln stehst du fest in der Erde.	Arme hin- und herschwingen, breitbeinig mit den Füßen auf die Erde stampfen.
Jedes Jahr wächst du und wirst größer und größer. Es dauert sehr lange, bis du ein richtig großer Baum geworden bist.	Auf die Zehenspitzen stellen, den Kopf und die Arme nach oben strecken, sich richtig groß und breit machen.
Dann wirst du langsam alt, deine Äste brechen ab, der Wind wirft dich um.	Kopf hängen lassen, dann langsam auf den Boden fallen.
Auf dem Boden vermoderst du langsam, aber um dich herum liegen viele Bucheckern und die Geschichte fängt wieder von vorne an.	Die Buchecker in der Hand wird auf den Boden gelegt und mit etwas Erde und Laub bedeckt.

Buchenmemory

Für dieses Spiel benötigt man ein weißes Leintuch, das auf den Boden gelegt wird. Ohne dass es die Kinder merken, werden die verschiedenen Teile eines Buchenbaumes gesammelt: Rinde (mit und/oder ohne Moos), Äste (frisch und/oder trocken), Blätter (grün und/oder welk), Bucheckern, Bucheckerhülsen, Knospen, Knospenschuppen, kurz alles, was irgendwie mit der Buche zu tun hat und in der momentanen Jahreszeit zu finden ist. Diese Teile werden auf die eine Hälfte des Tuches gelegt und mit der anderen Hälfte zugedeckt. Die Anzahl und Art der Einzelteile hängen von dem Alter der Gruppe ab (nicht überfordern, es soll ja ein Spiel bleiben!).

Alle Kinder stellen sich im Kreis um das Tuch, das jetzt für eine kurze Zeit aufgedeckt (langsam bis zehn zählen) und danach wieder zugedeckt wird. Jetzt müssen die Kinder die Gegenstände im Wald suchen und mitbringen. Die gefundenen Gegenstände werden mit den „Originalen" auf dem Tuch verglichen und besprochen. Nach Spielende sollen die Kinder ihren Fundus nicht wegwerfen; er eignet sich ideal für das nächste Spiel.

Ein Waldbild entsteht

In diesem Spiel lassen Sie der Fantasie freien Lauf. Entfernen Sie alles Laub von einer Stelle am Waldboden, damit ein gleichmäßiger Untergrund entsteht. Mit Ästen wird zunächst der Bilderrahmen gelegt. In diesem Bilderrahmen können sich jetzt alle als Künstler betätigen. Folgende Themen wären denkbar:

• Wir „malen" – genauer gesagt: wir legen – mit den gesammelten Teilen einen **Buchenbaum**, einschließlich Wurzeln, Stamm und Rinde, Ästen, Zweigen und Blättern.

• Wir bauen eine **Koboldstadt**. Sie kann als Abschiedsgeschenk für Karl den Kobold und seine vielen Freunde (Zwerge, Elfen, Trolle, Hexen, ...) gedacht sein: mit kleinen Häuschen, mit Bett, Tisch und Stuhl, Rutschbahnen, Aussichtstürmen, Schatzkammern usw.

Die vielen Waldgeister werden dieses Kunstwerk bestimmt neugierig besichtigen, wenn wieder Ruhe in den Wald eingekehrt ist, und so mancher Spaziergänger wird staunend stehen bleiben.

Erzählstunde im Koboldnest

Passend zu den Waldaktionen können Sie den Kindern die Geschichte „Der mutige Flieger" vorspielen oder erzählen. In dieser Geschichte geht es um die Samenverbreitung durch den Wind.
Sie finden sie in dem Buch „Förster Bodos Märchenwelt" auf Seite 7 (s. Literaturangabe).

Lerninhalte

Früchte und Samen

In dieser Einheit haben sich die Kinder stark mit dem Thema „Früchte und Samen" beschäftigt. Aber was ist eigentlich der Unterschied zwischen einem Samen und einer Frucht? Warum sehen die Früchte so unterschiedlich aus? Und – wie entsteht überhaupt eine Frucht? Forschen und staunen Sie mit!

Wie eine Frucht entsteht: Am Anfang war die Blüte …

Damit ein Samen bzw. eine Frucht entstehen kann, muss eine Pflanze zunächst einmal blühen. Das Blühen ist also die Voraussetzung für eine Frucht! Auch Bäume blühen, obwohl wir ihre Blüten oft nicht richtig wahrnehmen. Die Fähigkeit, Blüten und daraus Früchte auszubilden, erreichen unsere Laubbäume aber erst in einem gewissen Alter:

Birken nach 10 Jahren
Linden nach 20 Jahren
Ahorn nach 30 Jahren
Eichen nach 40 Jahren
Buchen nach 50 Jahren

Eine Blüte besteht im Wesentlichen aus dem **Blütenstiel**, den **Kelchblättern**, den **Blütenblättern**, einem **Fruchtknoten mit Griffel und Narbe** sowie den **Staubblättern**. Von den Staubblättern lösen sich winzige **Pollenkörnchen**. Gelangen sie auf die Fruchtnarbe einer anderen Blüte (an einem anderen Baum), wird diese Blüte bestäubt. Diese **Bestäubung** kann über den Wind oder über Insekten erfolgen.

Buchen, Eichen und Birken werden vom Wind bestäubt. Riesige Pollenmengen werden dabei durch den Wind weitergetragen. Der ungehinderte Pollenflug von Baum zu Baum wird dadurch erleich-

tert, dass die windbestäubten Bäume i. d. R. blühen, **bevor** sie im Frühjahr ihre Blätter bilden.

Die Blütenblätter fallen nach der Bestäubung ab oder vertrocknen und die Entwicklung von Frucht und Samen kann beginnen. Der Samen ist also der Teil des Baumes, mit dem er sich vermehren kann.

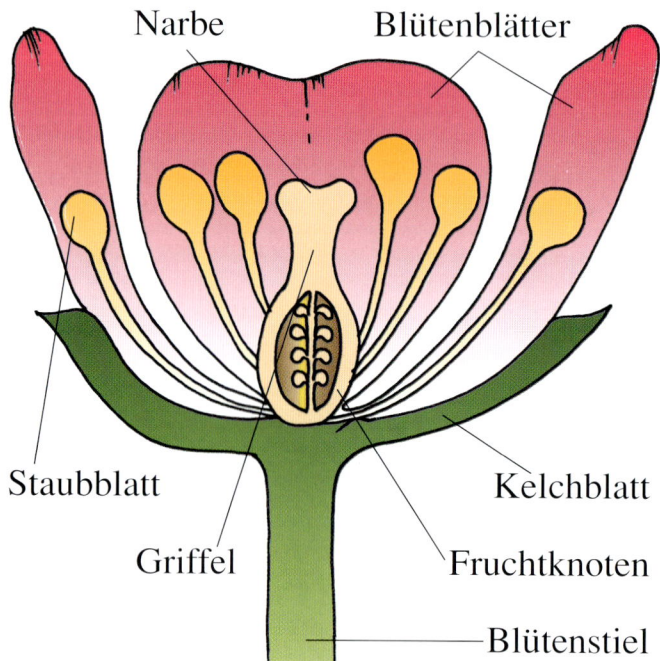

Wie ein Samen mit Fruchtschale aussieht

Samen sind meistens winzige Körnchen, die viele Nährstoffe gespeichert haben. Wenn aus dem Samen eine kleine Pflanze wächst, braucht sie diese Nährstoffe auf. Damit der Samen seine Nährstoffe schützen kann, ist er von einer Samenschale umgeben. Der **Pflanzensamen** ist also nichts anderes als **ein junges ungeborenes Pflänzchen** (=**Embryo**), das sein Wachstum unterbrochen hat und sich in Trockenstarre befindet.

Aus dem Fruchtknoten in der Blüte entwickelt sich neben dem Samen aber auch eine Fruchtschale, die den Samen ebenfalls noch umschließt. Früchte bestehen also aus dem **Samen** (=Embryo und Samenschale) und der **Fruchtschale**. Bei Buche, Eiche und Birke enthält diese Frucht nur **einen** Samen, beim Ahorn gibt es **zwei** Samen je Frucht, bei Robinien **viele**.

Gut zu wissen: Früchte bestehen aus dem Samen und der Fruchtschale!

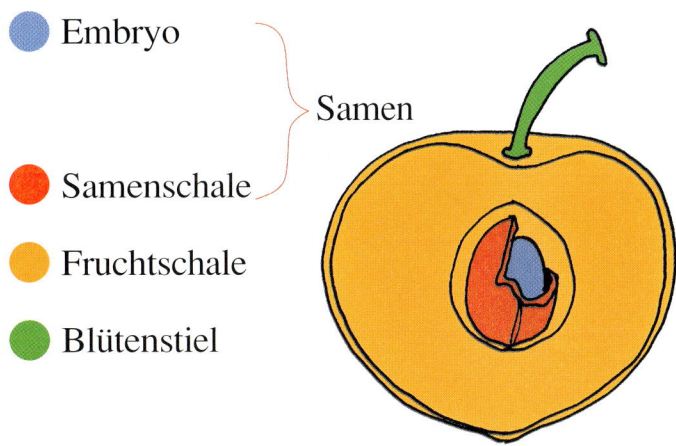

- Embryo
- Samenschale
- Fruchtschale
- Blütenstiel
- Samen

Trocken oder saftig? – Was bist du denn für ein Früchtchen?

Die Fruchtschale kann sehr unterschiedlich aussehen: Ist sie dick und weich wie bei einer Kirsche oder einem Pfirsich, so nennt man diese Früchte **Saftfrüchte**. Bei einer Nuss jedoch ist sie dünn und hart. Darum nennt man Nüsse auch **Trockenfrüchte**.

Gleiches trifft auch für die Eicheln zu: Sie sitzen statt in einer „Igelblatt-Hülle" in einem beschuppten Becher. Die Früchte von Buche, Eiche, Birke und Ahorn gehören zu den **Trockenfrüchten**.

„Harte Nüsse", ...

Bei Nüssen, wie z. B. der Buchecker, der Eichel oder der Haselnuss, sind die Fruchtschalen hart verholzt und springen nicht auf, auch nicht, wenn sie reif sind! Die „Igelschale" um die Buchecker, die schon am Baum aufspringt und aus der die Nüsse (in der Regel zwei bis drei) auf die Erde fallen, sind nämlich gar keine Fruchtschalen, sondern zusätzliche Hüllen, die sich aus dem Blütenstängel entwickelt haben.

Die Buchecker ist also dreifach geschützt: ganz außen durch die stachelige Hülle (unser Igelblatt), danach durch die harte braune Nussschale und dann noch durch die Samenschale gleich unter der Nussschale.

... „weiche Früchte" ...

Zu den bekanntesten **Saftfrüchten** gehören die Steinfrüchte, wie z. B. Pfirsich, Kirsche oder Zwetschge. Übrigens, auch die Walnuss gehört dazu! Denn die Walnuss, wie wir sie aus dem

Supermarkt kennen, ist bereits von ihrem weichen Fruchtfleisch entfernt. Es wurde direkt nach der Ernte entfernt, übrig blieb der Samen, dieser wurde getrocknet und dann ins Geschäft geliefert.

Wer selbst schon einmal frische Walnüsse gesehen oder sogar geerntet hat, kennt die eigentliche Walnussfrucht. Entfernt man das Fruchtfleisch, bekommt man blau-schwarze Finger, die fast nicht mehr sauber werden! Das, was man bei der Kirsche ausspuckt, nämlich den Kern (=Samen mit Sa-

menhülle), wird bei der Walnuss geknackt und der Keimling wird gegessen.

... und besondere „Früchtchen"

Eine Besonderheit bilden auch die Äpfel und Birnen. Im Innern liegen die kleinen, dunklen Kernchen, diese sind die Samen. Das Kerngehäuse, in dem die Kerne liegen, bleibt beim Essen gern zwischen den Zähnen stecken, dies ist die Fruchtschale. Das essbare Fruchtfleisch, von dem man annehmen könnte, es sei die Fruchtschale ist aber, ähnlich wie bei der stacheligen Bucheckerhülle, nichts weiter als eine Verdickung des Blütenstängels.

Der Apfel ist sozusagen eine Scheinfrucht. Übrigens: Oft kann man auf der anderen Seite des Apfelstiels noch Reste der vertrockneten Blüte erkennen, der beste Beweis dafür, dass das Apfelfleisch eigentlich nur ein verlängerter und verdickter Stängel ist. (Als Ergänzung zu diesem Kapitel vgl. Poster 19 „Von der Blüte zur Frucht!")

Nackt oder bedeckt? – „Samenaufbewahrer"

Die Zapfen der Nadelbäume, wie z.B. Fichte, Tanne, Kiefer, Lärche, sind keine Früchte! Zwischen ihren Schuppen steckt der Samen. Er verfügt über einen Flügel. Den Samen solcher Nadelbäume nennt man wegen der fehlenden schützenden Fruchtschale auch „**nackt**". Daher bezeichnet man die **Nadelbäume** auch als „**Nacktsamer**" im Unterschied zu den **bedecktsamigen Laubbäumen**. Die **Zapfen** dienen als „**Samenaufbewahrer**".

Bäume können „wandern"

Die „Wanderschuhe" für Bäume sind natürlich wieder unsere Samen und Früchte, Begleiter können Wind, Wasser, Tiere oder Menschen sein. Buchen- oder Eichenbäume würden mit ihren relativ schweren Samen „auf der Stelle treten", gäbe es da nicht den Eichelhäher, das Eichhörnchen und die Maus. Sie legen sich in der Erde Wintervorräte an (s. Eichhörnchenspiel), aber aus den vergessenen Verstecken sprießen im nächsten Jahr junge Keimlinge.

Vogelexpress

Dem Eichelhäher fällt schon einmal die eine oder andere Eichel aus dem Schnabel, während er durch einen weit entfernten Fichtenwald fliegt. Als aufmerksamer Spaziergänger wundert man sich dann, warum gerade hier in diesem Fichtenwald fernab jeder Eiche ein kleiner Eichensämling wächst. Der Förster nennt es „Hähersaat". Und wie viele Kirschbäume durch die von Vögeln „ausgeschiedenen" Kirschkerne im Wald wachsen, kann niemand zählen! (Der Begriff „ausgeschissen" wurde dem Autor vom Lektorat gestrichen.)

Eine Reise mit dem Wind

Viele Früchte und Samen werden aber durch den Wind verbreitet. So sind z. B. die Früchte der Birken winzig klein und sehr leicht. Sie besitzen zwei Flügel, die 2- bis 3-mal so breit sind wie die Nüsschen. Da der Birkensamen im Juli/August reift, also zu einer Zeit, in der es oft sehr heiß ist, werden die Birkenfrüchte durch die aufsteigende Warmluft in die Höhe getrieben und können dann durch den Wind 30-40 km weit getragen werden.

Auch die Früchte von Ahorn und Linde haben zungenförmige Flügel. Sie wirken einerseits als Bremsfallschirm, andererseits drehen sich die Früchte wie der Propeller eines Hubschraubers. Dadurch können sie bei Wind vom Baum weg trudeln.

Eine Reise zu Wasser

Die Nussfrüchte der Erle, ähnlich wie die der Birke winzig klein, wachsen überwiegend an Bächen, Seen und Flüssen. Außer durch den Wind werden sie auch durch das Wasser verbreitet. Dazu haben sie in den Fruchtschalen luftgepolsterte Schwimmkissen gebildet. Nach der Reife fallen die Früchte auf das Wasser und werden so fortgetrieben.

Schutz und Tarnung

Irgendwann im Herbst fallen die Bucheckern, Eicheln, Kastanien oder Haselnüsse auf die Erde, i.d.R. **vor** dem Laubabfall. Die Natur hat diese Reihenfolge ganz bewusst so eingerichtet, denn die Blätter dienen den Früchten als Isolationsschicht und Sichtschutz! Manch eine Buchecker, die sich unter dem Laub versteckt hatte, wurde so von hungrigen Eichhörnchen oder Buchfinken übersehen. Bestimmt geschieht dies aber auch wegen ihrer braunen Tarnfarbe. Wären Bucheckern rot wie Kirschen, wäre das Tarnen aussichtslos. (Warum diese leckere Frucht wohl rot ist?)

Die Keimung

Die Baumfrüchte sind den ganzen Winter hindurch in einem Ruhezustand. Sie haben sehr wenig Wasser gespeichert (ca 10 % Wassergehalt), auch die Atmung ist nur schwach. Keimhemmende Substanzen sorgen dafür, dass nicht sofort bei den ersten wärmenden Sonnenstrahlen der Wachstums-

prozess beginnt. (Manchmal kann es im Winter ganz schön warm sein.) Würde der Samen keimen und wäre er danach wieder Eis und Schnee ausgesetzt, wäre das tödlich! Diese Eigenschaften sind der Grund dafür, dass manche Samen bis zu zehn oder 15 Jahren keimfähig bleiben.

Der Winter ist vorbei, Feuchtigkeit, Temperatur, Luft und Licht verändern sich, es kommt der Frühling. *Der im Samen ruhende Embryo – er hat richtige kleine Keimwurzeln, einen Spross, zwei Keimblätter und an der Spitze eine kleine Knospe – erwacht langsam zum Leben: Er saugt sich voll mit Wasser und quillt richtig dick auf (ca. 90 % Wassergehalt).*

Dann beginnt die **Keimung**: Die Keimwurzel schiebt sich durch die Samenschale und wächst sofort in Richtung Erde. (Woher die das wohl weiß?) Bei der Buchecker z. B. streckt sich danach der Spross nach oben in den Himmel, die Keimblätter entfalten sich und sprengen dadurch die Fruchtschale auseinander.

Diese ersten Blätter haben oft eine ganz andere Form als die späteren. So haben z. B. die **Buchen**keimlinge richtige **Elefantenohrblätter**, nur kleiner! Sie sind grün, haben also Chlorophyll und können die junge Pflanze sofort selbstständig ernähren. Danach bilden sich die eigentlichen Laubblätter. Bei anderen Sämlingen, wie z. B. der **Eiche**, bleiben die **Keimblätter in der Fruchtschale**. Sie dienen ausschließlich der Nährstoffspeicherung, indem sie das Pflänzchen so lange ernähren, bis die eigentlichen Blätter funktionsbereit sind (s. S. 89). Auch wir können uns von diesen Keimblättern ernähren, denn nichts anderes sind Esskastanien oder Walnüsse (s. Poster 20 „Früchte von Waldbäumen").

Aber auch viele Vögel und Säuger, von der Maus über den Buchfink bis zum Wildschwein, lieben diese Waldfrüchte. Andere Samen sind „taub", d.h. sie besitzen keinen Samen oder fallen Pilzen und Insekten zum Opfer. Dass der Wald, bei einer solchen Heerschar von „Interessenten" sich überhaupt vermehren kann, liegt an der großen Anzahl von Früchten und Samen, die jeder Baum produziert:
Eine Birke kann über eine Million Früchte tragen, bei Vollmast (Übermaß an Früchten) können fast 500 Bucheckern auf einem Quadratmeter Waldboden liegen – ist das nicht irre?!

Keimlinge von Eiche und Buche

Laubblätter

Keimblätter

Wurzeln

Ein kleiner Leitfaden zur Schauspielerei

In den Abschnitten des Waldtheaters übernehmen Sie als neutraler Sprecher einmal die Aufgabe des Märchenerzählers, gleichzeitig schlüpfen Sie aber auch in die Rollen der einzelnen Figuren und verwandeln trockene Textabschnitte in ein spannendes Märchenspiel. Dieser Teil ist der für mich der kreativste. Er verleiht dem Projekt die ganz besondere, eigene Note.

Aber gleichzeitig ist er, wie ich in meinen Seminaren festgestellt habe, der schwierigste: Es kostet nämlich Überwindung, nacheinander in die unterschiedlichsten Rollen zu schlüpfen und diese in all ihren Gemütslagen – einfach so aus dem Stegreif – zu spielen. Trotzdem sollte man diese Fähigkeit anstreben. Sie macht die Aufführung sowohl für die Zuschauer als auch für den Akteur zu einem spannenden unvergesslichen Erlebnis!

Diese Vergleiche mit den Temperamenten und ihren Zuordnungen zu Geschmacksrichtungen und Naturelementen werden Ihnen das „Sichhineinfühlen" in die Rolle erleichtern. Stellen Sie sich vor, Sie spielen das Meckerlieschen. Sein Temperament kann man sinnbildlich sehr gut mit dem alles verbrennenden Feuer oder dem scharfen Pfeffer vergleichen. Wenn Sie Lust haben, stellen Sie sich im „stillen Kämmerlein" vor den Spiegel und spielen die einzelnen Gemütsregungen nach Ihren Vorstellungen durch.

Jeder hat seine eigenen Launen

Den **momentanen Gemütszustand** der einzelnen Theaterfiguren habe ich in den jeweiligen Regieanweisungen präzise beschrieben. So durchläuft z. B. Meckerlieschen in der Szene 2 ein regelrechtes Feuerwerk der Gefühle: es ist verträumt, ungehalten, verängstigt, dann jammert und fleht es, schreit spitz und schrill, setzt ein breites, ulkiges Grinsen auf oder ruft laut um Hilfe.

Neben dieser szenenbezogenen Stimmung erhielt jede Figur von mir noch einen **"Grundcharakter"**. Um diese Grundcharaktere eindeutig von einander zu unterscheiden und damit das Vorspielen zu erleichtern, habe ich sie den „Vier Urtemperamenten" (= hypokratische Temperamenttypen) zugeordnet.

Die vier Temperamente und die Figuren im Waldtheater

Karl der Kobold:
der Sanguiniker

Karl ist als typischer Kobold freundlich, lebhaft, witzig, neugierig, immer zu Scherzen aufgelegt und verschmitzt.

Naturelement:
die säuselnde Luft.

Gaumenschmaus:
süßer Zucker

Vor dem Spiegel:
Tänzelnd leichte Bewegungen; Arme freundlich geöffnet; Körper und Kopf (mit langem Hals) neugierig nach oben gestreckt; der Mund lächelt freundlich; die Augen sind weit geöffnet, um ja nichts zu verpassen.

Karl der Kobold ist ein "Hans-Dampf in allen Gassen".

Meckerlieschen:
der Choleriker

Es ist ein temperamentvolles, kleines Hitzköpfchen, schnell aufbrausend, launig, trotzig, schrill und laut.

Naturelement:
das alles verbrennende Feuer.

Gaumenschmaus:
scharfer Pfeffer

Vor dem Spiegel:
Breitbeiniger, fester Stand; Rücken, Hals und Kopf sind angriffslustig angespannt; Arme in die Hüften stemmen; der Mund ist verbissen; die Augen blicken lauernd und etwas verkniffen.

Meckerlieschen ist ein temperamentvolles, streitsüchtiges Energiebündel.

Die Raupe: der Melancholiker

Sie ist traurig, „verjammert", schwermütig, voller Weltschmerz.

Naturelement:
die modrig riechende, schwere, dunkle Erde

Gaumenschmaus:
saure Zitrone

Vor dem Spiegel :
Die Knie schwächlich gebeugt; der Rücken ist krumm von der Last des Seelenschmerzes; Schultern, Arme, Kopf und Mundwinkel hängen schlaff nach unten; die Augen sind nur halb geöffnet.

Die Raupe resigniert vor sich und dem Leben.

Das Igelblatt: Der Phlegmatiker

Es ist wohlbeleibt und etwas träge, fast nichts kann es aus der Ruhe bringen.

Naturelement:
langsam dahinfließendes Wasser, das träge und gleichgültig alle Hindernisse umfließt

Gaumenschmaus:
schwere Majonäse

Vor dem Spiegel:
Der Bauch ist füllig nach vorne gestreckt; die Schultern, Kopf und Kinn werden zurückgezogen (als Gegengewicht zu dem massigen Bauch); die Hände reiben genüsslich den Magen; der Mund hat ein gemütliches Grinsen; die schläfrigen Augen sind nur halb geöffnet.

Das Igelblatt genügt sich selbst, wenn man ihm nur seine Ruhe lässt.

Spaßeshalber habe ich – quasi als fünftes Temperament – den „Sprecheriker" ergänzt:

Sprecher: der „Sprecheriker"

Einfach nur sich selbst treu bleiben

Naturelement:
ein naturgemäßer Mischwald!

Gaumenschmaus:
Man ist, was man isst!

Vor dem Spiegel:
Sich hinstellen, sich beobachten, sich gut finden

Ohne den Sprecher geht gar nichts.

Ein Körper voller Hilfsmittel

Nach der Figurenbeschreibung geht es nun darum, ihre Charaktereigenschaften spielerisch umzusetzen. Die jeweiligen inneren Stimmungen, Schwingungen und Gefühle muss der Darsteller so nach außen übersetzen, dass sie für den Betrachter verständlich werden. Dabei übernimmt neben dem Text und der Stimme der entsprechende Körperausdruck, also die Haltung, Bewegung und Mimik, eine wichtige Aufgabe. Allein das Gesicht besteht z. B. aus über 30 verschiedenen Muskeln, mit denen die einzelnen Gemütszustände ausgedrückt werden können. Sie besitzen oft eine höhere Aussagekraft als viele Worte.

Auf der Waldbühne

Hier noch einige Tipps für die Aufführung:

• Es schadet nichts, wenn man die Figuren etwas überzeichnet darstellt. Die Kinder finden das toll.

• Weniger ist mehr! Das Stück ruhig und gelassen spielen. Ein hektisches Gestikulieren wirkt störend.

• Die Stimme wie ein Instrument benutzen, mit dem man die unterschiedlichsten Töne hervorzaubern kann. Ein monotones Herunterleiern des Textes ist einschläfernd.

• Kurzpausen zwischen den einzelnen Aussagen sind sehr wichtig. Sie erhöhen die Spannung und ermöglichen den Kindern, der Handlung zu folgen.

• Durch Augenkontakt und persönliche Ansprache die Kinder in die Geschichte mit einbeziehen. Ein schöner Rücken kann zwar auch entzücken, doch wird dadurch der Eindruck erweckt, man wendet sich von dem Publikum ab.

• Nicht am Text kleben. Die Story ist sehr einfach und erlaubt viele Textvariationen. Es muss jeder für sich selbst entscheiden, ob er in einer Umgangssprache „schwätzt" oder Hochdeutsch spricht. Die Improvisationsfähigkeit sollte jedoch nicht durch eine verkrampfte Wortwahl eingeschränkt werden.

Literaturverzeichnis

Aas, Gregor u. Andreas Riedmiller: Laubbäume: Bestimmen, Kennenlernen, Schützen. Gräfer und Unzer, 1992.

Amann, Gottfried: Bäume und Sträucher des Waldes. Verlag J. Neumann, 11. Auflage 1972.

Amann, Gottfried: Kerfe des Waldes. Verlag J. Neumann, 6. Auflage 1971.

Bayrisches Staatsministerium für Landwirtschaft und Forsten (Hg.): Forstliche Bildungsarbeit. Waldpädagogischer Leitfaden nicht nur für Förster. 4. Auflage 1998.

Braun, Helmut J.: Bau und Leben der Bäume. Rombach Verlag, 2. erneuerte Auflage 1988.

CH Waldwochen: Wald erleben und erfahren. Verlag an der Ruhr, 1992.

CH Waldwochen (Hg.): Naturerlebnis Wald. Gemeinsam mit Kindern und Jugendlichen in den Wald. 1996.
(Bezugsadresse: CH Waldwochen, Rebbergstraße, CH-4800 Zofingen)

Corbet, Gordon: Pareys Buch der Säugetiere. Verlag Paul Parey, 1982.

Hofmeister, Heinrich: Lebensraum Wald: ein Weg zum Kennenlernen von Pflanzengesellschaften und ihrer Ökologie. Verlag Paul Parey, 2. rev. Auflage 1983.

Höhere Forstbehörde Westfalen-Lippe (Hg.): Die Waldlern-Rallye. Verlag an der Ruhr, 1995.

Höhere Forstbehörde Westfalen-Lippe (Hg.): Walderlebnisspiele. Verlag an der Ruhr, 1997.

Krebs, Herbert: Vor und nach der Jägerprüfung. BLV, 45. Auflage 1988.

Leinert, Cornelia u. a.: Wald auf der Schulbank. Riwa, 2000.

Magall, Miriam: Im Wald. Arena, 2001.

Marschall, Bodo: Förster Bodos Märchenwelt. Kiga-Fachverlag, 3. Auflage 2001.

Neumann, Antje und Burkhard: Waldfühlungen. Ökotopia, 1999.

Pott, Eckart: Wald: Pflanzen, Tiere, Biotope. Ravensburger Buchverlag, 1988.

Sandhof, Katrin u. Brigitta Stumpf: Mit Kindern in den Wald. Ökotopia, 7. Auflage 2000.

Schell, Otto: Repetitorium der allgemeinen Botanik: für Mediziner, Pharmazeuten und Biologen. Hitzeroth, 35. Auflage 1988.

Schwerdtfeger, Fritz: Die Waldkrankheiten. Verlag Paul Parey, 1970.

Weber, Hilde, Kurt Hörner u. F. J. Meiser: Wald: erleben – erforschen – begreifen. Landesamt für Pädagogik und Medien (LPM), 1993.

Zunächst möchte ich mich bei meinen drei Töchtern **Lea, Marie und Nina** bedanken, die mit unendlicher Ausdauer allabendlich ihre „Gute-Nacht-Geschichte" von mir abverlangten. Diese liebenswürdige Hartnäckigkeit legte den Grundstein zu meiner bis heute anhaltenden Märchenerzählleidenschaft.

Dann möchte ich mich bei meinen drei Freunden **Martin Eberle, Mathias Beideck und Heiner Scherer**, ebenfalls gestandene Förster und Waldpädagogen, bedanken. Sie begleiteten mich bei der Entwicklung dieses Waldpädagogikkonzeptes und stellten sich als freiwillige und leidenschaftliche Versuchskaninchen zur Verfügung. Mit ihnen studierte ich Szene für Szene ein, probierte aus, was machbar und sinnvoll ist. Sie bewiesen mir, dass man keine schauspielerischen Vorkenntnisse besitzen muss, um eine Gruppe von 30 Kindern in seinen Bann ziehen zu können ...

... nur etwas Mut, neue Wege zu gehen.

Notizen

Notizen

Notizen